Eins reicht.

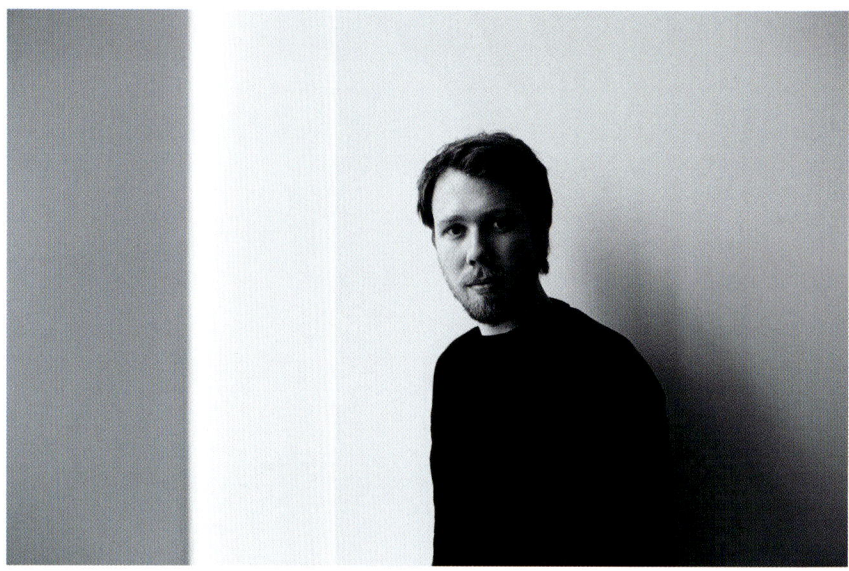

Sebastian H. Schroeder ist Fotograf und als Berater für Bildstrategie tätig. Darüber hinaus arbeitet er als Dozent für Hochschulen sowie als Kurator. Er ist außerdem Gastgeber der Veranstaltungsreihe »OpenTable – Bildbesprechungen«.

Nach seiner Ausbildung zum Fotografengesellen studierte Schroeder an der Kunstakademie Düsseldorf Freie Kunst. Später schloss er die Meisterprüfung im Fotografenhandwerk I&II erfolgreich ab. 2013 präsentierte er seine erste Einzelausstellung »Unschuldige Orte. Und Erinnerungen«, die deutschlandweit mehr als 50.000 Besucher sahen.

Sebastian H. Schroeder lebt und arbeitet in Köln.

Sebastian H. Schroeder

Eins reicht.

Fotos gezielt auswählen und präsentieren

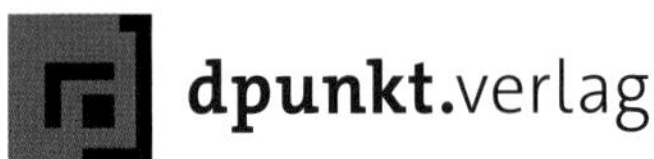

Sebastian H. Schroeder

Lektorat: Steffen Körber
Lektoratsassistenz: Anja Weimer
Copy-Editing: Petra Kienle, Fürstenfeldbruck
Satz & Layout: Veronika Schnabel
Herstellung: Stefanie Weidner
Umschlaggestaltung: Helmut Kraus, *www.exclam.de*
Druck und Bindung: Schleunungdruck GmbH, Marktheidenfeld

Bibliografische Information der Deutschen Nationalbibliothek
Die Deutsche Nationalbibliothek verzeichnet diese Publikation in der Deutschen Nationalbibliografie; detaillierte bibliografische Daten sind im Internet über *http://dnb.d-nb.de* abrufbar.

ISBN:
Print 978-3-86490-682-4
PDF 978-3-96088-996-0
ePub 978-3-96088-997-7
mobi 978-3-96088-998-4

1. Auflage 2020
dpunkt.verlag GmbH
Wieblinger Weg 17
69123 Heidelberg

Hinweis:
Der Umwelt zuliebe verzichten wir auf die Einschweißfolie.

Schreiben Sie uns:
Falls Sie Anregungen, Wünsche und Kommentare haben, lassen Sie es uns wissen:
hallo@dpunkt.de

5 4 3 2 1

INHALTSVERZEICHNIS

Stelle dir dieses Buch wie eine Reise vor.

Zu Beginn packen wir gemeinsam einen Koffer mit dem nötigen Handwerkszeug wie Theorie und Methoden. Wir lernen, warum Bildauswahl wichtig ist, welche die richtigen Bilder für unsere Arbeit sind und was für fotografische Typen wir sind.

Unterwegs treffen wir auf Prüfungen und Hindernisse, die wir mit den eingepackten Werkzeugen bewältigen können. Gleich zu Beginn treffen wir auf Bilder von Tauben und Löwen, später auf georgische Handwerker und einen emotionalen Jugendlichen. Jede Begegnung ist eine Lektion, die gleichsam lehrreich und unterhaltsam ist.

Am Ende der Reise kehren wir nach Hause zurück. Der zu Beginn schwer beladene Methodenkoffer fühlt sich leichter an. Die Methoden haben sich ins Gedächtnis geschrieben und Platz gemacht im Reisegepäck für eigene Geschichten.

Dieses Buch sagt dir nicht, »so musst du es machen«, denn das gibt es bei Bildauswahlen nie. Vielmehr soll es einen Überblick über Ideen und Methoden geben, die uns auf unserer fotografischen Reise helfen, bessere Bildauswahlen zu treffen. Jedes Projekt hat seine eigenen Gesetze, seine eigene Geschichte.

Eine fotografische Serie ist keine Pauschalreise. Jedes unserer Projekte hat es verdient, individuell aufbereitet und ausgewählt zu werden. Für jeden gilt es, das passende Hotel und die passenden Flüge zu finden, mit den richtigen Attraktionen und der Menge an Auszeit am Strand, die jeder persönlich benötigt.

Was hingegen stimmt, ist der Titel dieses Buchs: Eins reicht. Zwei gleiche Bilder sind immer eins zu viel. Und der Titel soll uns diese Tatsache stets in Erinnerung rufen.

Das bedeutet nicht, dass keine Bildserien möglich wären, ganz im Gegenteil: Eine gute Bildserie besteht aus vielen einzelnen starken Bildern. Zwei zu ähnliche Aufnahmen können eine tolle Arbeit hingegen negativ beeinflussen. Sich an dieser Stelle auf ein Bild zu reduzieren, gehört zu den schwierigsten Entscheidungen bei der Bildauswahl. Gemeinsam finden wir heraus, wie wir diese Entscheidungen treffen können und welche der beiden Fotografien besser für unsere Auswahl geeignet ist.

In diesem Buch gehen wir nur sehr wenig auf die formalen Kriterien eines Bilds ein, also Schärfe, Kontraste oder Bildrauschen. Wir gehen davon aus, dass die vor uns liegenden Fotografien technisch in Ordnung sind, da zum Thema Bildtechnik bereits viele hervorragende Fachbücher erschienen sind.

Gerade zu Beginn wird es auch mal theoretisch, aber keine Angst: Dieses Buch liest sich eher wie ein intensives Gespräch auf einem Spaziergang. Ich habe versucht, auch die komplizierten Themen so zu erklären, wie ich sie einem guten Freund unterwegs oder bei einem Kaffee erklären würde: mit einfachen und nachvollziehbaren Beispielen.

Der Einfachheit halber habe ich mich entschieden stets von »dem Fotografen« in der männlichen Form zu sprechen. Damit meine ich selbstverständlich ebenso Fotografinnen und ihre Arbeiten.

Dann machen wir uns mal auf den Weg. Jacke an, Schuhe an. Auf geht's!

Viel Spaß beim Lesen.
Sebastian

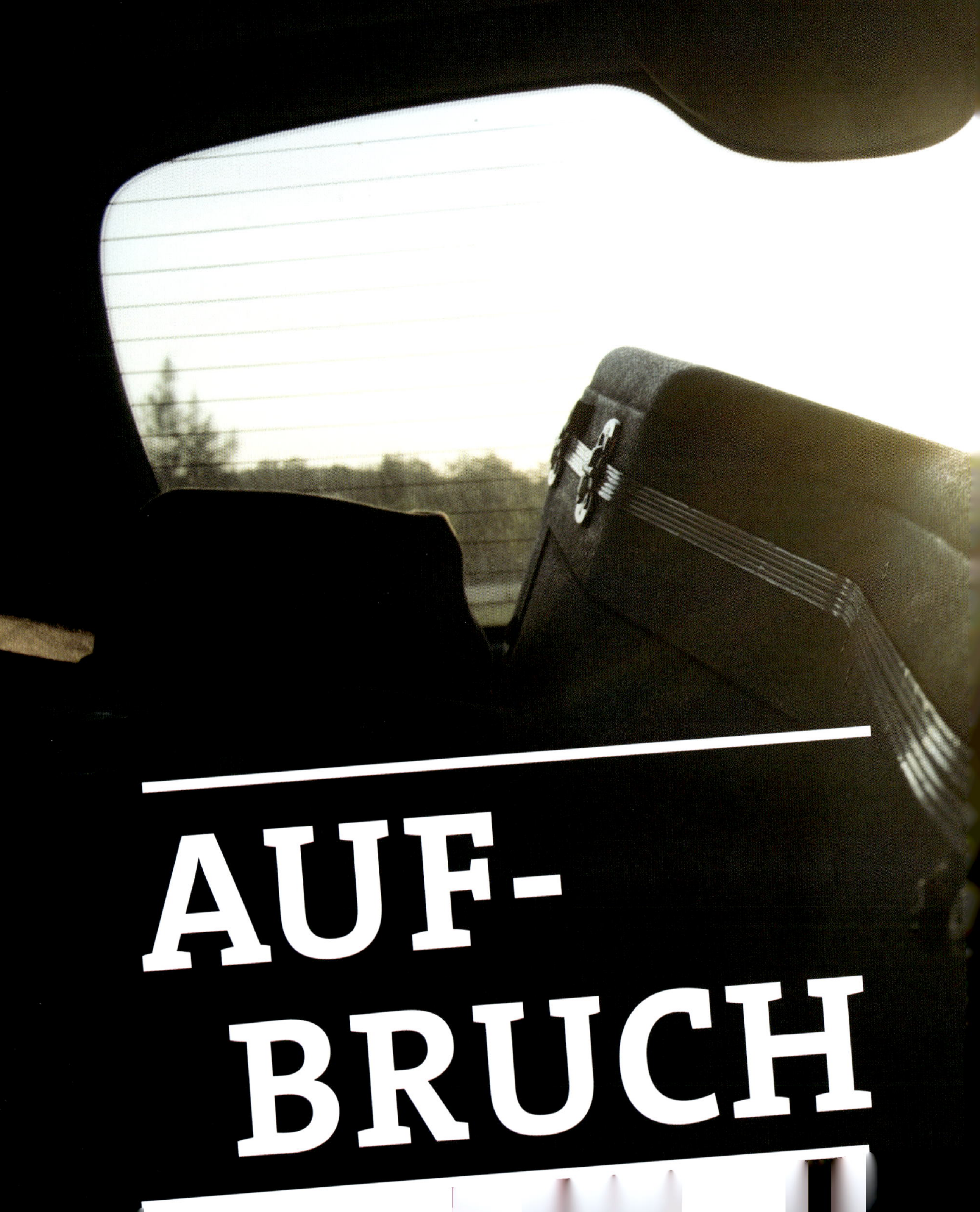

AUF-
BRUCH

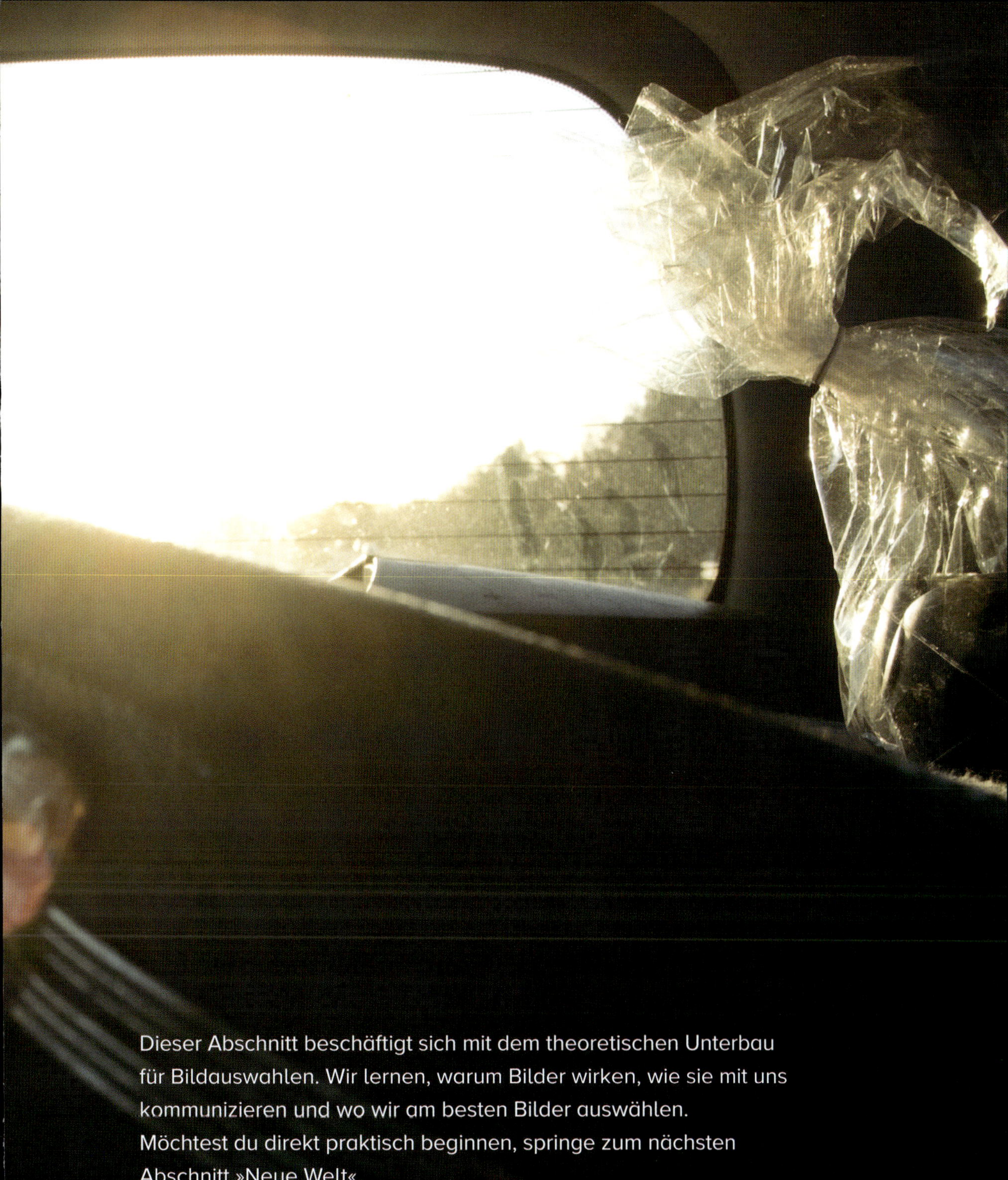

Dieser Abschnitt beschäftigt sich mit dem theoretischen Unterbau für Bildauswahlen. Wir lernen, warum Bilder wirken, wie sie mit uns kommunizieren und wo wir am besten Bilder auswählen. Möchtest du direkt praktisch beginnen, springe zum nächsten Abschnitt »Neue Welt«.

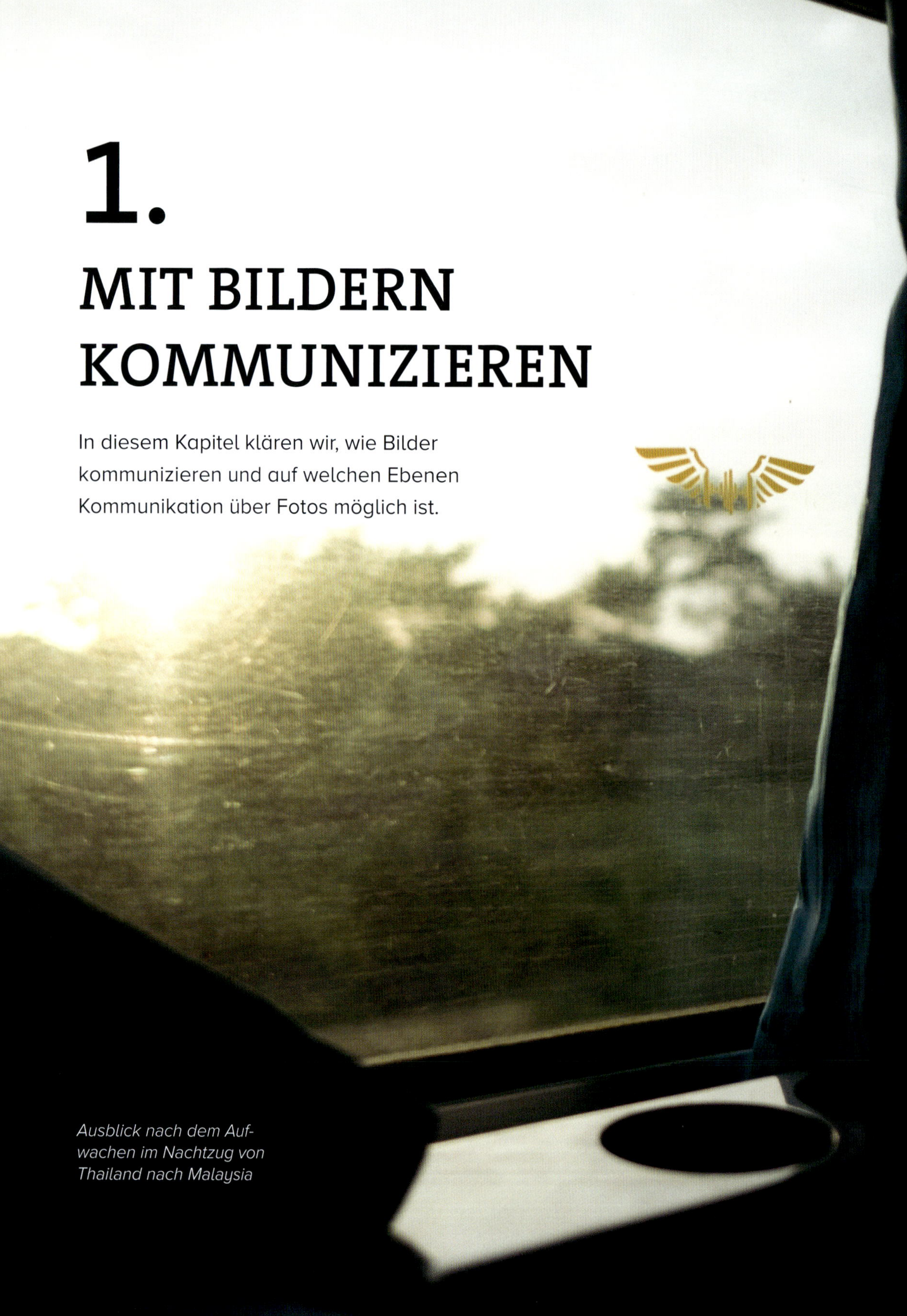

1.

MIT BILDERN KOMMUNIZIEREN

In diesem Kapitel klären wir, wie Bilder kommunizieren und auf welchen Ebenen Kommunikation über Fotos möglich ist.

Ausblick nach dem Aufwachen im Nachtzug von Thailand nach Malaysia

Was ein Fotograf alles macht

Laien sehen Fotografen häufig als Menschen, die Bilder machen. Wir Fotografen wissen, dass diese Ansicht etwas zu kurz kommt: Wir planen ein Shooting, müssen das Licht gestalten und setzen, haben viel Arbeit mit der Nachbearbeitung und legen dann fest, welches Bild sich am besten eignet, um an der Wand zu hängen. Anschließend bereiten wir die Bilder auf den Druck vor, versenden sie im richtigen Format und mit dem korrekten Farbraum und hängen es abschließend in einen passenden Rahmen, der zu Bild und Raum passt.

Ein guter Fotograf ist also weit mehr als nur jemand mit einer Kamera in der Hand. Er ist in der Lage, sein Publikum mit seinen Bildern zu begeistern. Das macht er, indem er aus dem breit gefächerten Werkzeugkoffer an Methoden genau diejenigen heraussucht, die für das aktuelle Bild passend sind.

Unsere Bilder können noch so gut sein, werden sie nicht gefunden oder wahrgenommen, wird sich keiner daran erfreuen können.

Bilder als Kommunikationsmedium verstehen

Das Spannende an der Fotografie ist ihre Vielseitigkeit. Jeder »liest« etwas anderes in Bildern. Sie können schön, angenehm, aber auch hart und grauenvoll sein. Bilder packen unsere Emotionen und schaffen es, uns zum Lachen oder Weinen zu bringen.

Um zu verstehen, warum das so ist, müssen wir einen Blick darauf werfen, wie Bilder kommunizieren und wie Kommunikation grundsätzlich abläuft.

Das Sender-Empfänger-Modell von Claude E. Shannon und Warren Weaver gilt als die Mutter aller Kommunikationsmodelle. Es stammt aus den 30er-Jahren des 20. Jahrhunderts.

Das Modell besagt, dass jede Botschaft von einem Sender ausgeht und von einem Empfänger empfangen wird. Diese Übermittlung läuft jedoch nicht per Gedankenübertragung ab. Der Sender benötigt einen Kanal, über den er seine Nachricht transportiert. Der Kanal kann Sprache oder Körpersprache sein. Ebenso ist es möglich, dass die Nachricht mithilfe von Papier und Schrift übermittelt wird – oder über ein Medium wie die Fotografie.

Die einfachste Form der Nachrichtenübertragung ist ein direktes Gespräch in der gemeinsamen Sprache. Der Sender codiert seine im Gehirn entwickelte Nachricht mithilfe von Worten aus seiner Sprache. Der übermittelnde Kanal ist in diesem Fall die Stimme bzw. die Luft, die die Schallwellen der Stimme überträgt. Anschließend decodiert und verwertet der Empfänger die Worte und gibt eine Rückmeldung.

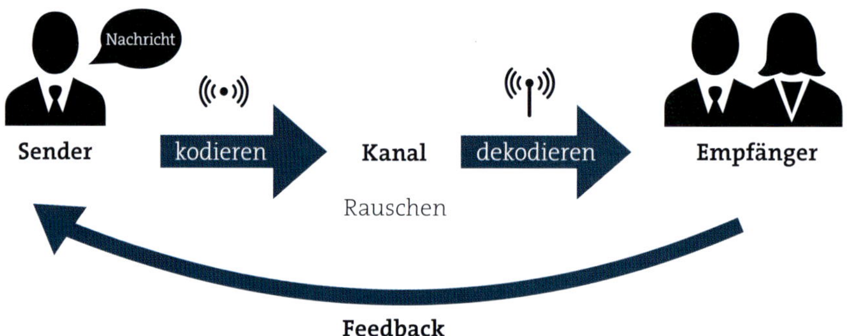

Shannon-Weaver Kommunikationsmodell

Was Weaver als Rauschen bezeichnet, ist der Informationsverlust durch den übertragenden Kanal. Das könnte zum Beispiel das Hupen lauter Autos sein, das verhindert, dass die vollständige Nachricht den Empfänger erreicht. Oder aber auch unser Nuscheln, wenn wir undeutlich sprechen sollten. Er selbst meint mit Rauschen tatsächlich auch ein Rauschen. Weaver hat speziell für die Telekommunikationsbranche geforscht. Sein Ziel war es, das Rauschen in seinem bevorzugten Kanal, dem Telefon, zu minimieren.

Das Dekodieren

Jeder Kommunikationsteilnehmer hat ein eigenes Repertoire an Wissen und ihm kulturell zur Verfügung stehenden Informationen. Spreche ich mit einem Franzosen deutsch, wird er mich nur schwerlich verstehen können. Dort, wo sich unsere beiden Repertoires überschneiden, besteht die Möglichkeit, verständlich in Kontakt zu treten. Probieren wir zum Beispiel mit Händen und Füßen zu kommunizieren, könnten wir unseren französischen Gesprächspartner bestimmt bis zur nächsten Bank navigieren.

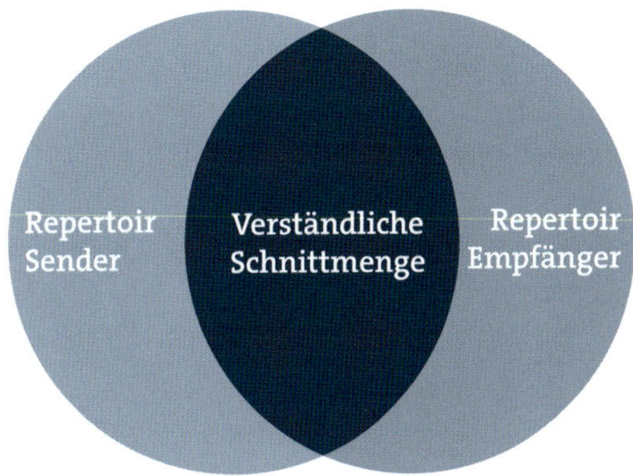

Repertoire des Gegenübers bedenken

Ein anderes Beispiel:

Spräche ich auf einem Ärztekongress davon, dass ich mithilfe eines »Shiftstitches den gesamten Bildkreis meines Objektivs abgebildet habe und diese per Verrechnungsmodus nach dem Scannen einfach übereinanderlegen konnte«, hätte ich mein Publikum trotz gleicher Sprache mit einem falschen Teil meines Repertoires angesprochen. Nur wenige Menschen würden etwas verstehen.

Möchte ich dennoch etwas Fotografiebezogenes an die Anwesenden übermitteln, muss ich Wörter und Erfahrungen auswählen, die meine Zuhörer verstehen. Ich könnte ihnen vermitteln, dass ich mit spezieller Kameratechnik in der Lage bin, eine sehr weitwinklige Aufnahme architektonisch korrekt aufzunehmen.

Decodieren bedeutet für den Betrachter also, das Empfangene in Bezug zu dem zu setzen, was er bereits kennt. Als Fotografen liegt es an uns, die Informationen, die wir im Bild hinterlassen, so zu codieren, dass der Empfänger sie decodieren kann. Das gilt auch für die Bildpräsentation.

Die nebenstehende Fotografie demonstriert einen Fall, in dem ein Bild nicht seinen definierten Zweck erfüllen konnte. Während die Werbung an sich funktionierte (davon konnte ich mich an anderer Stelle überzeugen), war die Präsentationsfläche so ungünstig gewählt, dass die Werbebotschaft für uns Betrachter nicht ermittelbar war. Der Text und das Produkt lagen außerhalb des sichtbaren Bereichs.

Als Fotografen müssen wir Kommunikation also von beiden Seiten denken. »Was wollen wir sagen?« ebenso wie »Was werden wir verstehen?«.

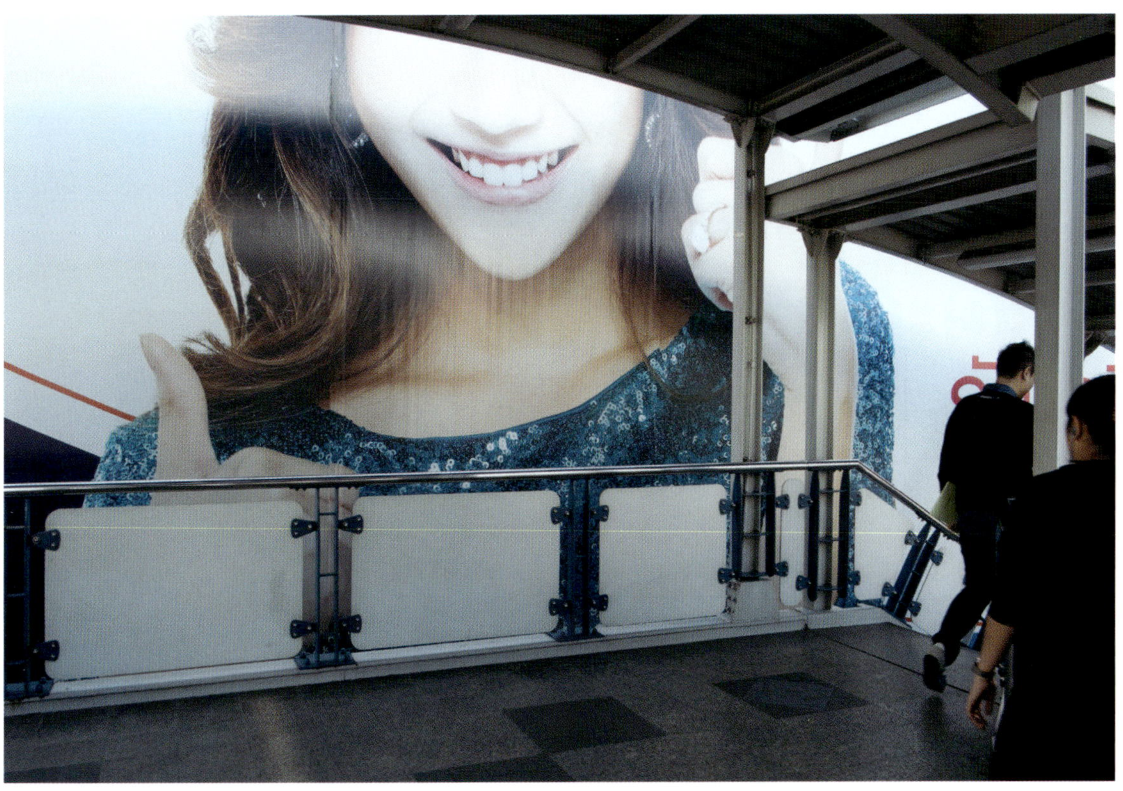

Werbung ohne Nutzen
Nicht ideal platzierte Werbung an einem Straßenübergang in Bangkok. Der Sender hat ein gutes Plakat entworfen, allerdings nicht daran gedacht, wie der Empfänger das Plakat später einmal zu Gesicht bekommen wird.

2.
PERSPEKTIVE WECHSELN

Wir sind verantwortlich für das, was wir sagen, nicht für das, was andere verstehen. Deswegen müssen wir Fotografen versuchen, vorab in unsere Bilder hineinzuhören. Denn ob wir verstanden werden oder nicht, liegt trotz allem auch in unserer Hand.

Menschen laufen bei Nacht auf ein riesiges Feuer in Kuala Lumpur zu.

Unsere tägliche 180°-Grad-Drehung

In der Fotografie werden Informationen übermittelt – immer und zu jeder Zeit. Sobald eine Fotografie angeschaut wird, sendet sie dem Betrachter Informationen zu, ohne irgendwann damit aufzuhören.

Der Sender bzw. Fotograf hat keinen direkten Einfluss darauf, wie das Bild verstanden wird. Es ist der Empfänger, der die an ihn gerichtete Information auswertet, losgelöst von der Absicht des Urhebers.

Anhand von Erfahrungswerten können gute Fotografen näherungsweise ausmachen, wie ihre Bilder verstanden werden. Robert Kneschke, ein bekannter und erfahrener Fotoproduzent für Bildagenturen, sagte einmal zu mir, dass er bis heute beim Einstellen neuer Stockbilder immer wieder gespannt ist, welches Bild sich am besten verkauft. »Es gibt Hinweise und Schätzungen, was funktioniert, aber so richtig wissen kann man es nie«, fügte er hinzu.

Der Betrachter gleicht die Bilder anhand des eigenen Repertoires ab – nicht mit dem Repertoire des Fotografen.

Möchten wir sicher sein, dass eine bestimmte Zielgruppe unsere Aufnahme versteht, müssen wir einen Perspektivwechsel vornehmen:

Welche Informationen stehen unserem Gegenüber zur Verfügung?
Welchen Kenntnisstand hat dieser zum aktuellen Projekt?
Aus was besteht sein Repertoire?

Beispiel:
Was zeigt das Bild auf der nächsten Seite?

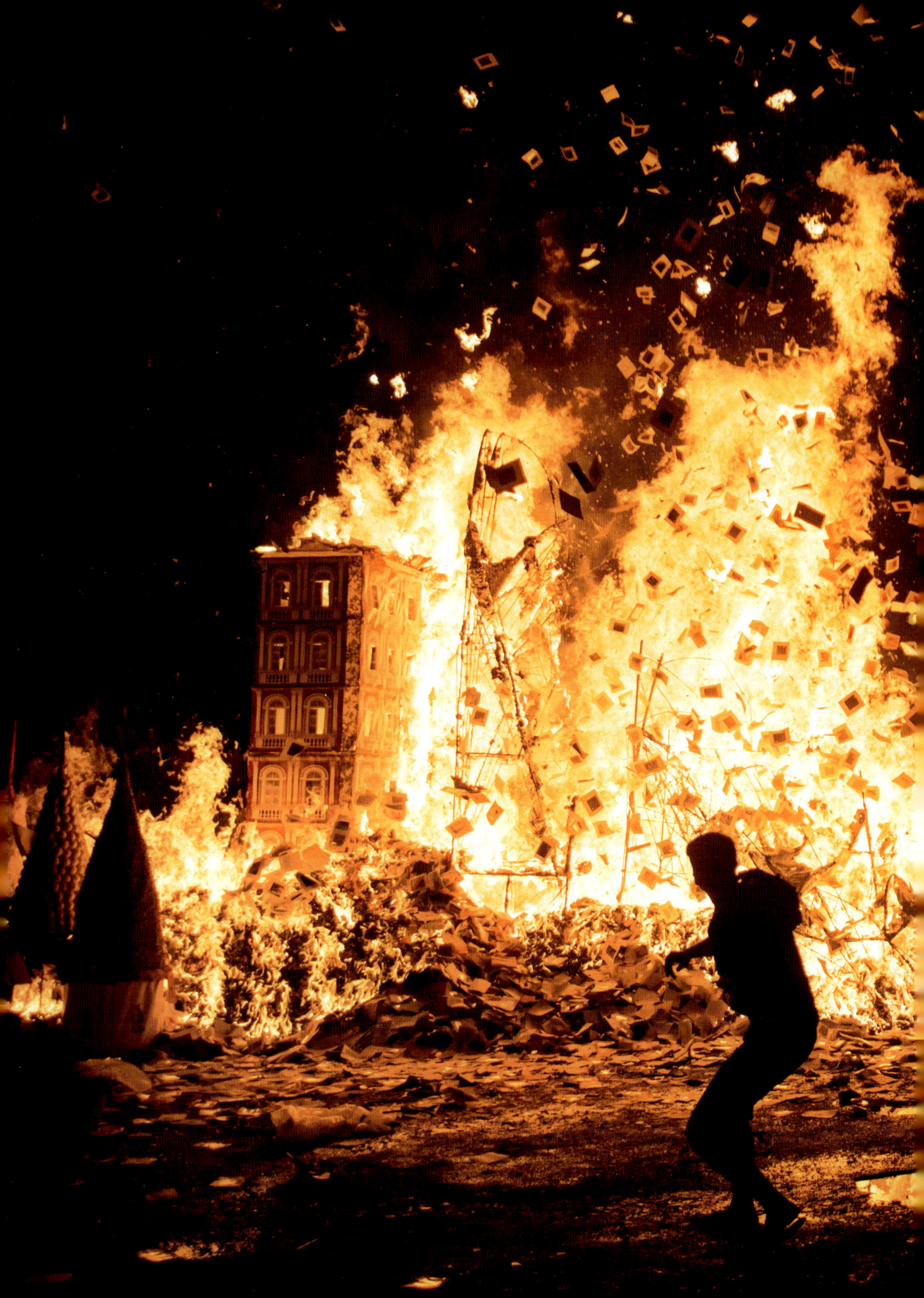

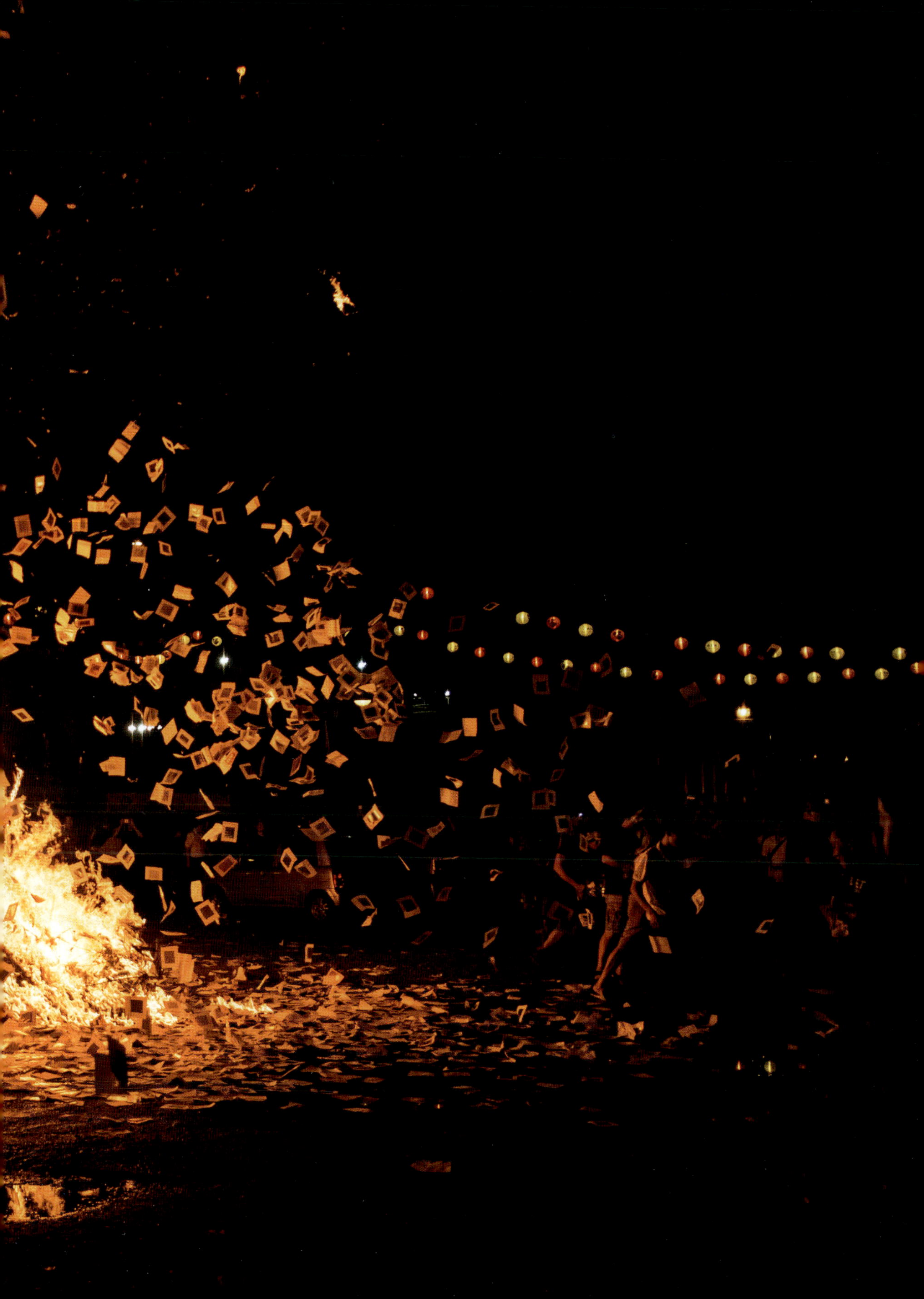

Das Bild zeigt das chinesische **Hungry Ghost Festival** in Kuala Lumpur. Im chinesischen Mondkalender ist der siebte Monat des Jahres der Monat der Geister. Am Abend des 15. Tages öffnen sich die Schleusen zu Himmel und Hölle. An diesem Abend können Erdenbürger Kontakt zu den Verstorbenen aufnehmen, so der Glaube.

Die Angehörigen möchten diese Möglichkeit nutzen, um per Verbrennung von Pappmascheefiguren ihren Vorfahren Geschenke ins Jenseits zu schicken. Hunderte Papp-Handys, Grußkarten oder schöne Häuser werden auf diese Weise »versendet«, in der Hoffnung, dass die Post ihren Empfänger erreicht.

Was hast du beim ersten Blick auf das Bild gedacht?

Aufgrund unserer Erfahrung mit den tagesaktuellen Medien in Deutschland verbinden wir das Bild im ersten Augenblick mit Krieg oder Aufständen. Meine Vermutung ist, dass kaum ein Leser das Bild auf den ersten Blick richtig interpretieren wird. Ganz einfach, weil die notwendige Information zu diesem Fest in unserem Kulturkreis nicht etabliert ist. Sollte dieses Buch jemals in China veröffentlicht werden, müsste ich diesen Abschnitt wahrscheinlich überarbeiten.

Hätten wir die Bilder der nächsten Doppelseite vorab gesehen, wäre der Name des Fests zwar immer noch nicht bekannt, das allgemeine Missverständnis aber wäre vermieden worden.

»Fake News« und sein Bruder »Bad Journalism«

Wer sagt, dass ich dir jemals vom Hungry Ghost Festival erzählen wollte?! In meinem privaten Blog habe ich dieses Bild zunächst mit dem Titel »Aufruhr in Kuala Lumpur« veröffentlicht. Mit bebendem Erfolg. Später im Beitrag habe ich natürlich aufgelöst, worum es sich handelt. Meine Leser fühlten sich ertappt. In Zeiten von Fake News ist es wichtig, sachlich festzustellen, was hier passiert ist:

Die Repertoires von Sender und Empfänger waren zu unterschiedlich, um das Bild eindeutig und korrekt einzuordnen.

Im Moment der Betrachtung ist die Fotografie selbstständig. Der Fotograf steht nicht daneben und erklärt auf Nachfrage, was einzelne Bildelemente bedeuten. Was der Betrachter versteht, hängt von seinem Wissensstand ab. Daher müssen wir genau überlegen, was in unseren Bildern erkennbar ist und was nicht. Sonst können wir nicht eindeutig kommunizieren – sofern wir das denn möchten.

Was ein verständliches Bild ist

Als Fotografen haben wir die Möglichkeit, Informationen im Bild zu hinterlassen. Sobald wir die Fotografie veröffentlichen, emanzipiert sie sich von uns als Urheber und wird unabhängig (zunächst einmal – Einschränkungen später).

Um Shannon-Weaver noch einmal zu bemühen: Die Fotografie ist nicht nur das transportierende Medium, sondern gleichzeitig auch der Sender. Das Bild übermittelt die vom Fotografen hinterlassenen Botschaften ohne Pause. Ist der Fotograf nicht bekannt, sendet das Bild trotzdem.

Möchten wir möglichst eindeutig verstanden werden, ist es demnach unser Interesse, unzweideutige Botschaften im Bild zu hinterlassen. Dies können wir mithilfe von klaren und gesellschaftlich anerkannten Symbolen erreichen.

Ein Stoppschild ist allgemein anerkannt. Jeder weiß, was es bedeutet. Hängen wir das Bild eines Stoppschilds an eine Tür, ist die Botschaft des Bilds eindeutig: Hier nicht eintreten. Noch eindeutiger ist ein Schild mit dem Text »Nicht eintreten«.

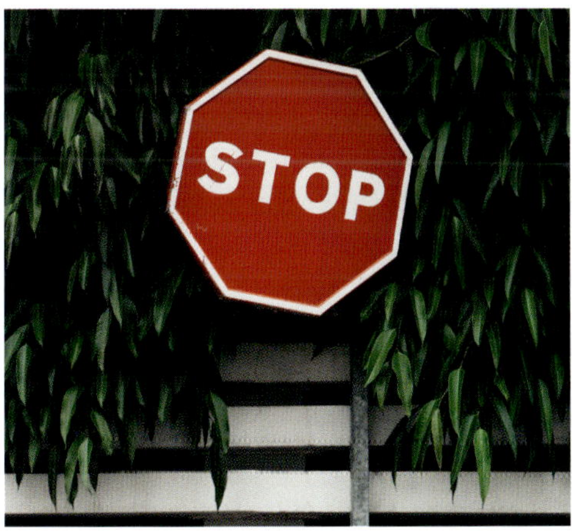

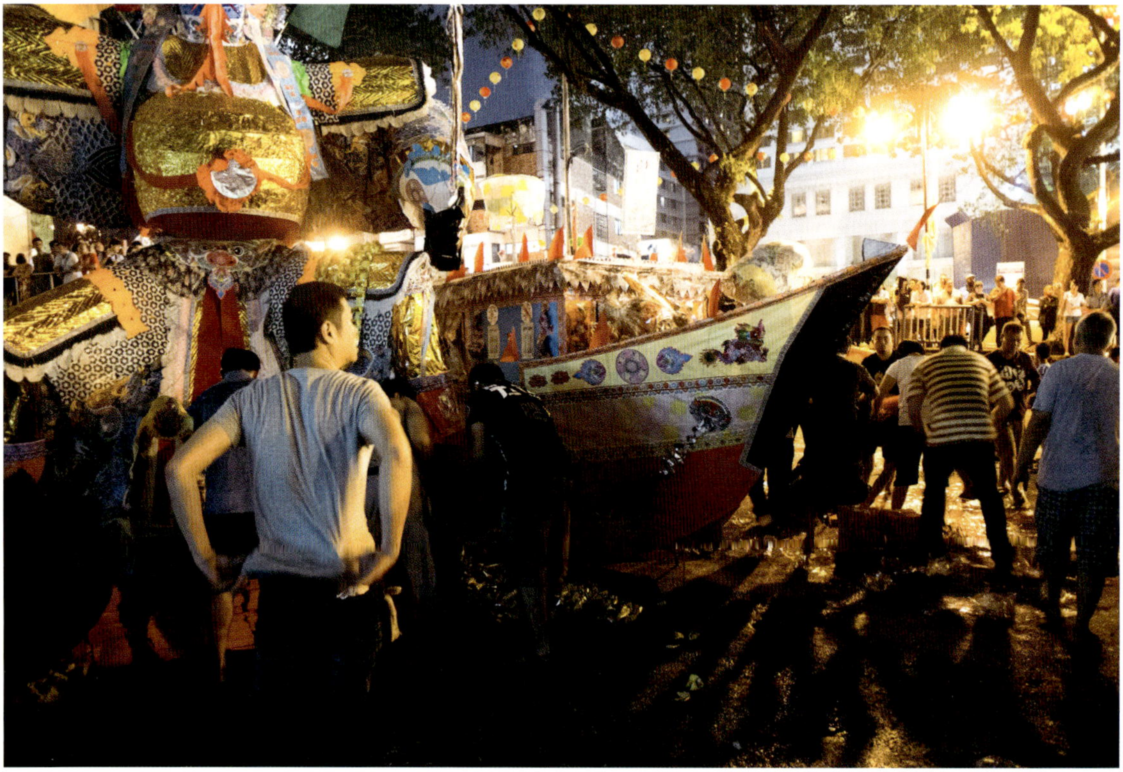

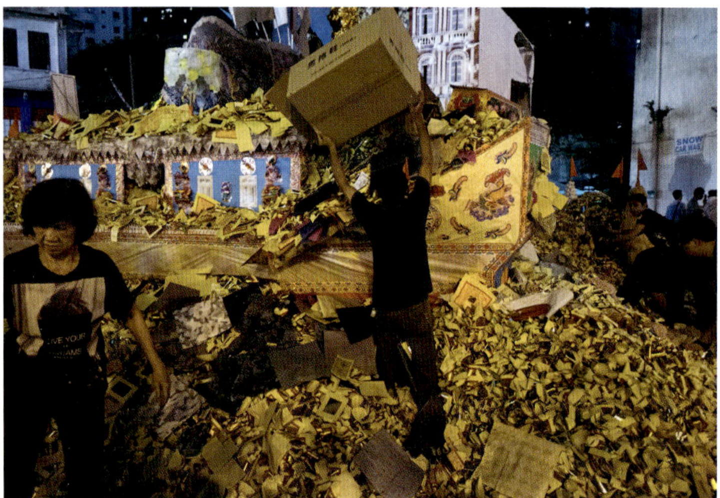

Malaysier chinesischen Ursprungs vergrößern den Berg an Nachrichten für die Toten. Die Nachrichten werden jedes Jahr anlässlich des Holy Ghost Festivals verbrannt und durch das Verbrennen an die Toten gesendet.

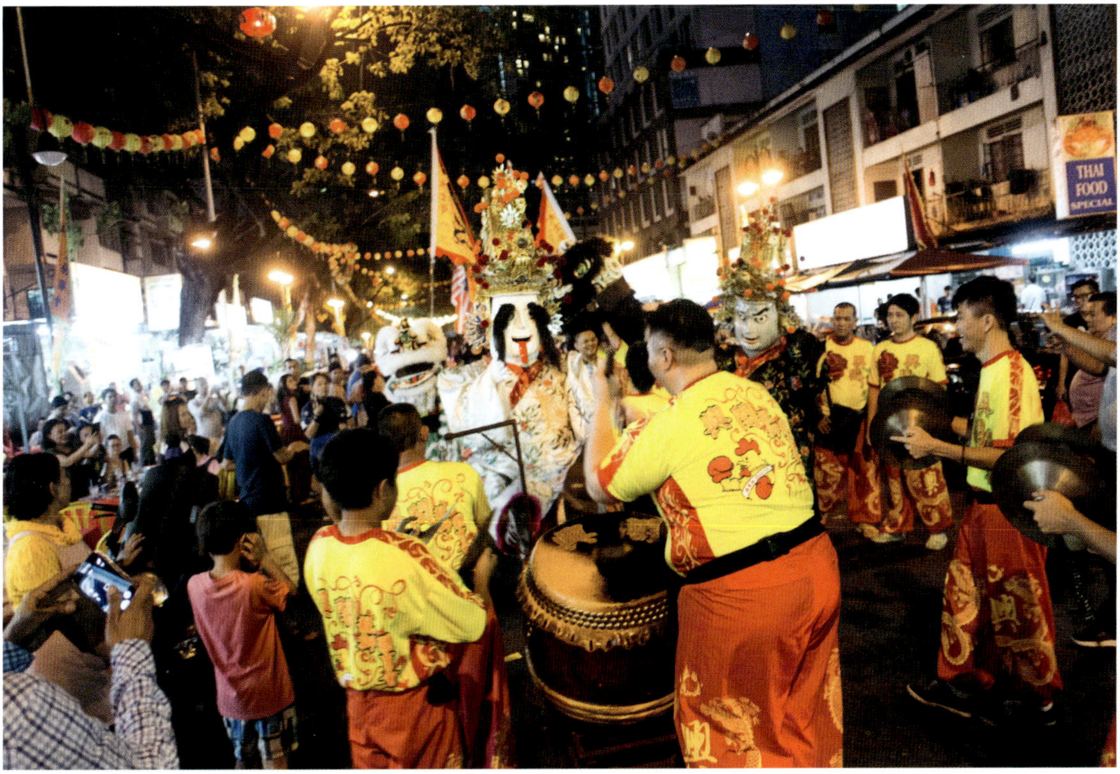

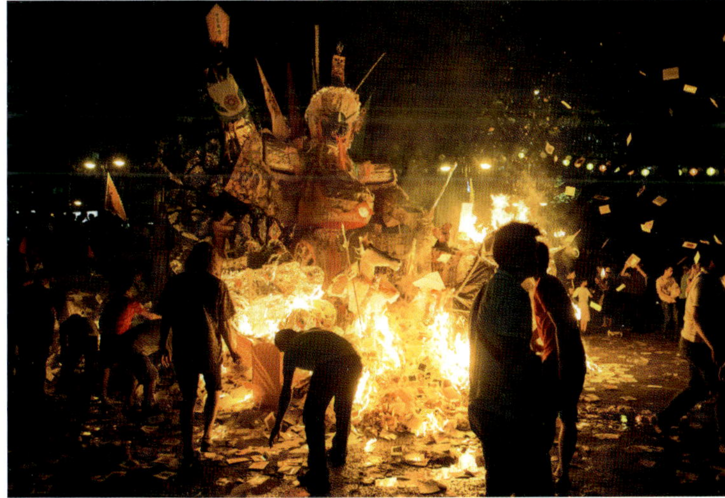

Chinesische Musiker musizieren an den Feierlichkeiten zum Hungry Ghost Festival in Kuala Lumpur.

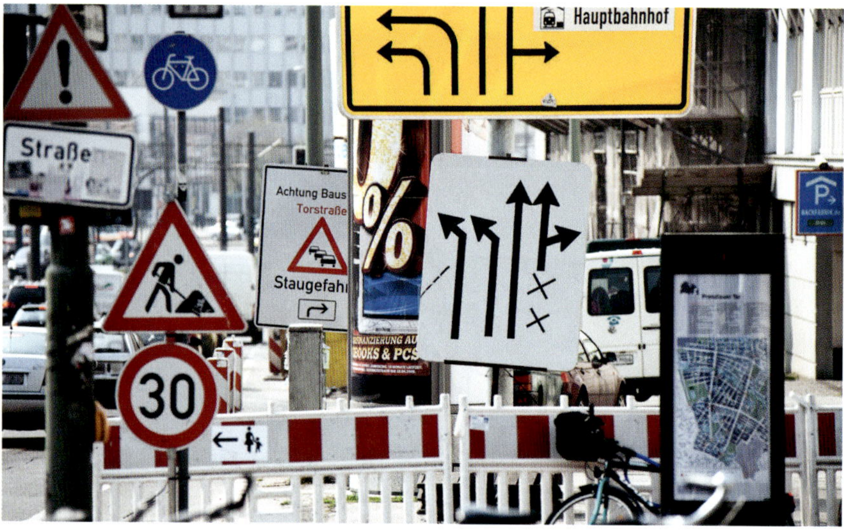

Unklarer wird es, wenn wir Bilder einer Straßenkreuzung mit einer Menge Schilder an die Tür hängen. Die Botschaft ist undurchsichtig und nicht auf den ersten Blick lesbar.

Ein verständliches Bild ist also eines, das den gewünschten Inhalt des Fotografen eindeutig an den Betrachter übermittelt.

Warum Fotos wie gute Türen sind

Verständlich zu kommunizieren ist in einigen Bereichen der Fotografie wichtiger als in anderen. Die Werbung ist ganz klar Vorreiter einfacher Nachrichten. Komplizierte Werbebotschaften erreichen den Rezipienten beim Vorbeifahren im Auto nicht. In der Werbung sind Botschaften daher eingängige Einzeiler: Schau hier! Kaufe jetzt! Schalte ein!

Auch im Fotojournalismus ist es von essenzieller Notwendigkeit, möglichst eindeutig zu »formulieren«. Schließlich möchte der Reporter aus Kriegsverbrechern keine Helden machen. Dass dies nicht immer gelingt, liegt zum großen Teil an den sich nicht überlappenden Repertoires von Fotograf und Betrachter.

Zumeist helfen Bildunterschriften, die Fotos besser einzuordnen, doch halte ich es an dieser Stelle mit Don Norman. In seinem Buch »The Design of everyday things« schreibt er, dass eine Tür, auf der »Ziehen« oder »Drücken« stehen muss, um richtig bedient zu werden, eine schlecht designte Tür ist. Es gebe genügend Wege, eindeutig zu signalisieren, ob gedrückt oder gezogen werden muss, ohne die Tür mit einer Bedienungsanleitung zu versehen – nichts anderes sei ein Schild mit der Aufschrift Push oder Pull.

Norman ist emeritierter Professor für Kognitionswissenschaften, Psychologie und Computerwissenschaften an der University of California in San Diego. Er hat sich über die Jahre so intensiv mit dem Beispiel Tür auseinandergesetzt, dass es heute sogar einen feststehenden Begriff für schlechte Türen gibt: die sogenannte Norman-Tür.

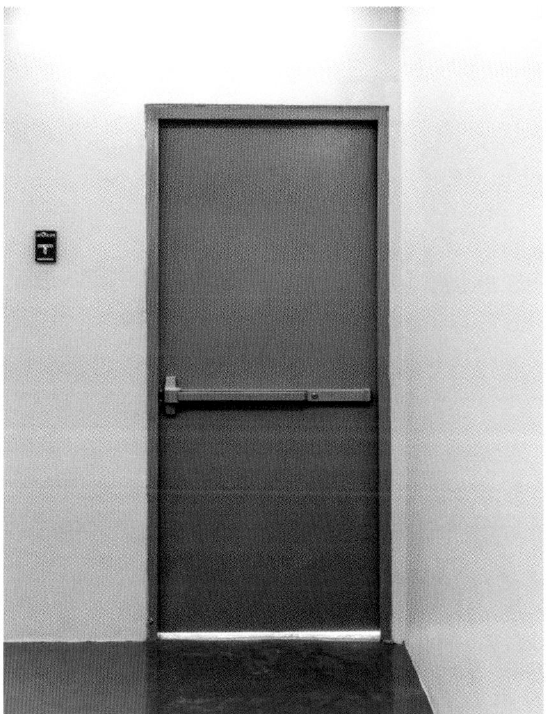

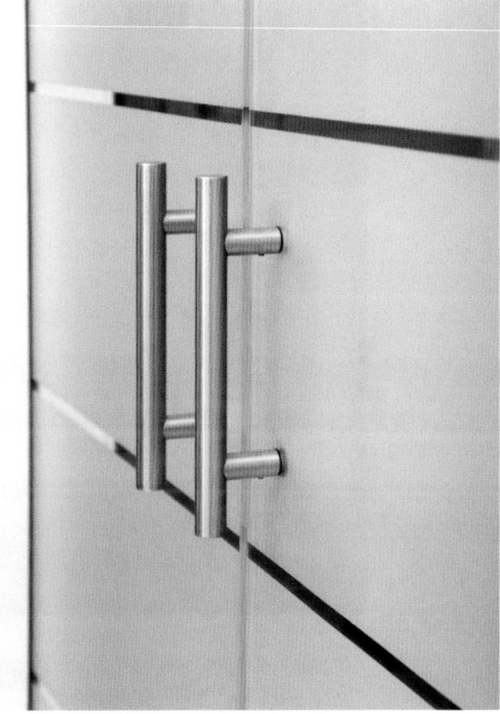

Welche Tür öffnet wie? Bei der linken Tür gibt es keine Möglichkeit der falschen Verwendung. Bei der rechten Tür ist es uneindeutig, ob gedrückt oder gezogen werden muss. Es handelt sich also um eine Norman-Tür.

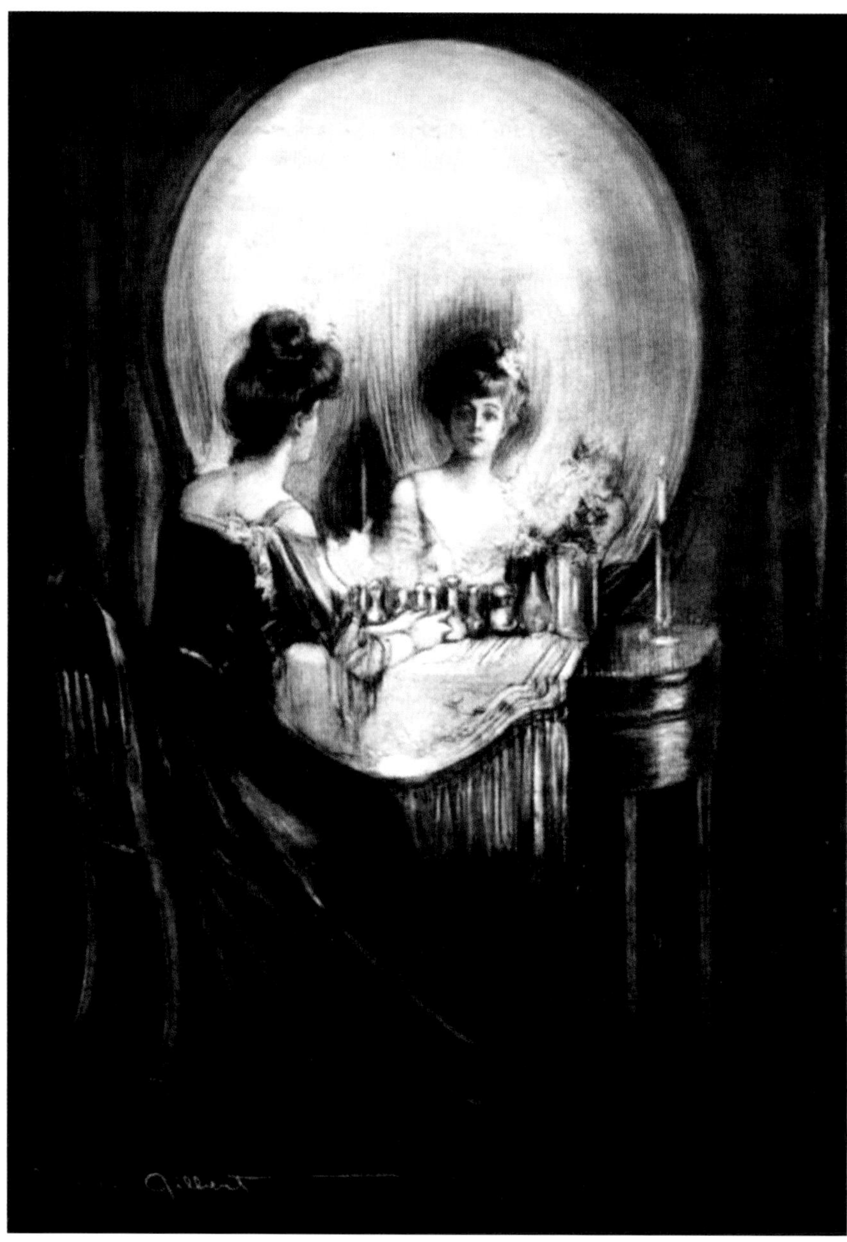

Charles Allen Gilbert – All is Vanitas (1892)

Mehrdeutige und uneindeutige Fotografien

Zu wissen, was man sagen möchte, ist nicht gleichbedeutend mit Eindeutigkeit. Es gibt genügend Gründe, warum bewusst zweideutig kommuniziert wird. In der Politik, um keine klaren Aussagen zu treffen, im Kabarett, um Witze zu machen, oder im Privaten, wenn man Auseinandersetzungen aus dem Weg gehen möchte.

Vieldeutigkeit ist durchaus ein hohes Gut und speziell in der Kunst das Mittel der Wahl, um Gefühle zu erwecken oder ambivalente Themen zu besprechen. Das nebenstehende Bild von Charles Allen Gilbert ist ein solch vieldeutiges Kunstwerk.

Das Bild mit dem Namen **All is Vanitas** ist eine visuelle Täuschung – zwei Bilder können für den Betrachter sichtbar werden: eine Dame vor einem Spiegel oder ein Totenkopf.

Das Bild kann man nicht nur auf zwei Weisen lesen, es hat auch einen vielschichtigen Titel. Als »Vanitas-Stillleben« bezeichnet man Bildtypen, die an den Tod erinnern und Vergänglichkeit offenbaren. Im Englischen ist **vanitas** außerdem ein Begriff für einen Schminktisch, so wie er abgebildet ist. Gleichzeitig bedeutet **vanity** Eitelkeit, also die eitle Frau, die vor dem Spiegel steht. Geht nun edel die Welt zugrunde?

Die Uneindeutigkeit bzw. Mehrdeutigkeit ist in diesem Sinne geplant und erwünscht und vor allem erschafft sie Spannung.

Mehrdeutigkeit ist also kein Ausschlusskriterium für ein gutes oder schlechtes Bild. Es ist vielmehr wichtig, sich über die möglichen Bedeutungen im Klaren zu sein.

Doppeldeutigkeit: Spannung oder Langeweile?

Doppeldeutigkeit kann, wenn sie gut gemacht ist, dazu führen, dass Menschen lange vor unseren Bildern stehen bleiben und sie »wirken lassen«. Wirken bedeutet in diesem Kontext so etwas wie verstehen, auch wenn das im Fall eines Jackson Pollock wohl eher ein gefühltes Verstehen als ein rationales Verstehen ist.

Die Vieldeutigkeit bzw. Unklarheit treibt uns an, herausfinden zu wollen, was Bilder meinen oder was die Fotografen uns sagen wollten. In uns entsteht so etwas wie Spannung.

Die Gefahr bei mehrdeutigen Bildern ist, dass sie nicht als solche erkannt werden. Dann sprühen die Bilder nicht vor Spannung, sondern eher vor Langeweile. Oder im schlimmsten Fall: vor falschen Annahmen, wie bei den eingangs erwähnten falschen Kriegshelden.

Spreche ich mit Menschen über Bilder, die schwierig zu verstehen sind, höre ich häufig den Satz: »Die Arbeit ist ja Unsinn.« In den meisten Fällen hat eine solche Sichtweise damit zu tun, dass der Betrachter die Brücke zum Thema nicht finden konnte. Je weniger Bezüge wir in einer Aufnahme zu unserem eigenen Repertoire entdecken, desto wahrscheinlicher ist es, dass wir uns nicht die Zeit nehmen, um sie genauer verstehen zu wollen. Wir stehen, bildlich gesprochen, am anderen Ufer.

An dieser Stelle schließt sich ein Kreis. Denn der, der die Brücke nicht findet, hat das Schild nicht gesehen. Wenn da aber gar kein Schild war, dann hat der Fotograf vergessen, es aufzustellen. Der Fotograf hat nicht an das passende Repertoire gedacht.

Es liegt also an uns Fotografen, Bedienungsanleitungen und Straßenschilder obsolet zu machen.

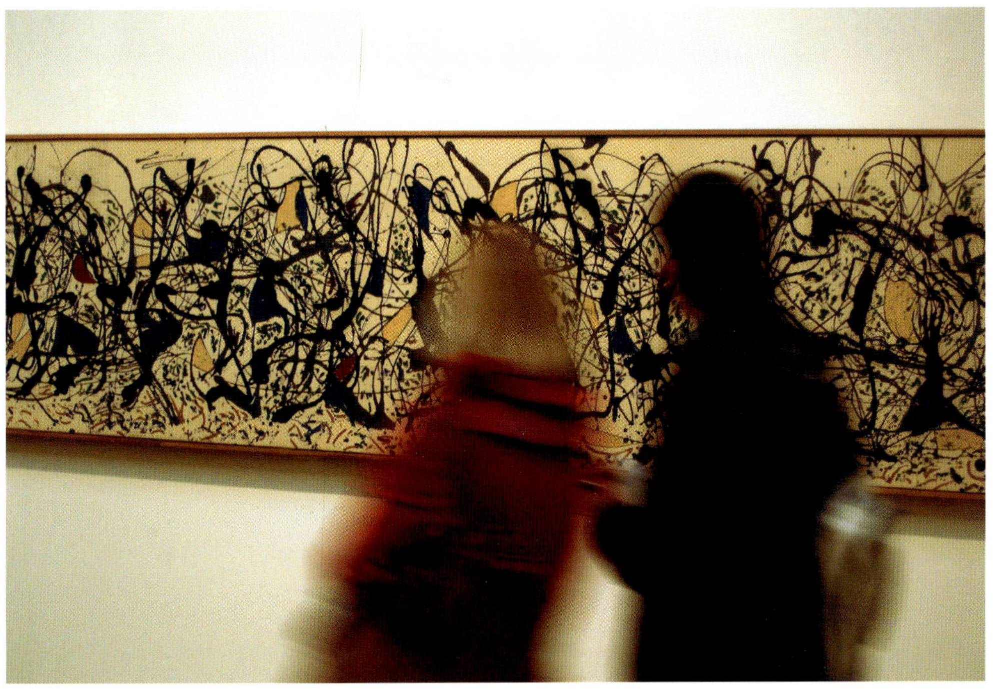

Zwei Menschen laufen am Gemälde »Summertime« (1948) von Jackson Pollock in der Tate Modern in London vorbei.

3.

SPRENGKRAFT ENTFALTEN

Es gibt einen Unterschied zwischen schönen Bildern und Bildern, die in Erinnerung bleiben. In diesem Kapitel erfahren wir, wodurch Bilder Wirkung erzielen und warum wir schon beim Fotografieren darauf achten können.

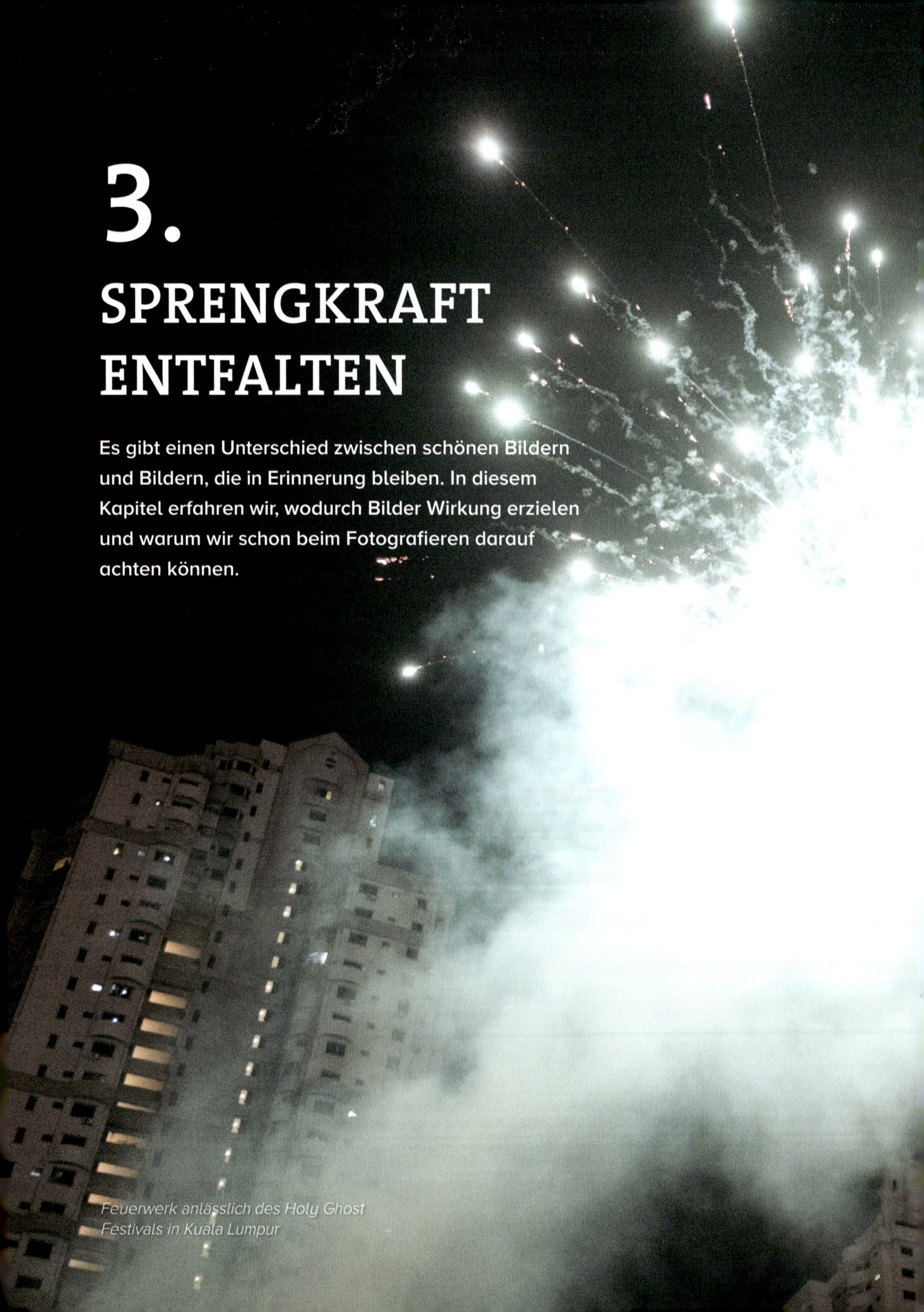

Feuerwerk anlässlich des Holy Ghost Festivals in Kuala Lumpur

Zwei Seiten einer Medaille

Im letzten Abschnitt haben wir wie selbstverständlich über den Inhalt von Bildern gesprochen. Ein Bild besteht nicht nur aus inhaltlichen Aspekten, es wirkt auch formal.

Formale Gestaltung kann man als Kombination aus Linien, Flächen, Punkten, Kontrast, Farbe und Ähnlichem verstehen. Ohne diese Grundformen, aus denen ein Bild erst sichtbar wird, kann Inhalt gar nicht entstehen.

Was »schön« bedeutet, ist ein eigenes Thema. In diesem Buch nutzen wir diesen Begriff für Bilder, die formal interessant sind.

Im gesamten Buch sprechen wir immer wieder von inhaltlichen und formalen Faktoren, die für oder gegen die Auswahl eines bestimmten Bilds sprechen. Aus diesem Grund ist es notwendig, zwischen inhaltlicher und formaler Ebene einer Fotografie unterscheiden zu können.

1. Inhaltliche Ebene

Die inhaltliche Ebene bezeichnet all das, was ein Betrachter in einem Bild sehen und »lesen« kann.

Der Inhalt eines Bilds ist immer abhängig vom Betrachter. Selbst bei einer banalen Bildbeschreibung wie »In diesem Bild sitzt Petra auf einem Stuhl« interpretiert der Betrachter das, was er sieht und gleicht es mit seinen bekannten Erfahrungen ab. Er nimmt auf einem Bild etwas wahr, von dem er glaubt, es sei Petra. Vielleicht handelt es sich aber um ihre Zwillingsschwester Marie, die Petra zum Verwechseln ähnlich sieht. Hätte der Betrachter von ihr gewusst, hätte seine Interpretation des Bilds vielleicht anders ausgesehen. Daher: Die inhaltliche Ebene ist nicht nur Wahrnehmung, sondern immer auch Interpretation.

Für den Moment setzen wir Wahrnehmung, Inhalt und Bedeutung gleich. Später werden wir uns noch einmal genauer mit den Begriffen auseinandersetzen und lernen, warum die inhaltliche Ebene noch einmal zweigeteilt werden muss. Und zwar in eine Inhalts- und eine Bedeutungsebene.

Der Vollständigkeit halber:

Inhalt kann auch formaler Natur sein. Vielleicht möchte ich mit dem Bild auf der folgenden Seite herausarbeiten, wie Farbflächen miteinander wirken. Das Bild ist auf den ersten Blick formal interessant. Hinter der Oberfläche verbirgt sich jedoch auch ein Inhaltliches Interesse.

Dieses Bild ist auf den ersten Blick formal interessant. Mit dem Wissen, dass die Fotografie ein geothermisch aktives Wasserloch mit Geysir im neuseeländischen Rotorua zeigt, bekommt das Bild einen anderen Reiz. Inhalt hat also auch etwas mit Kontext zu tun.

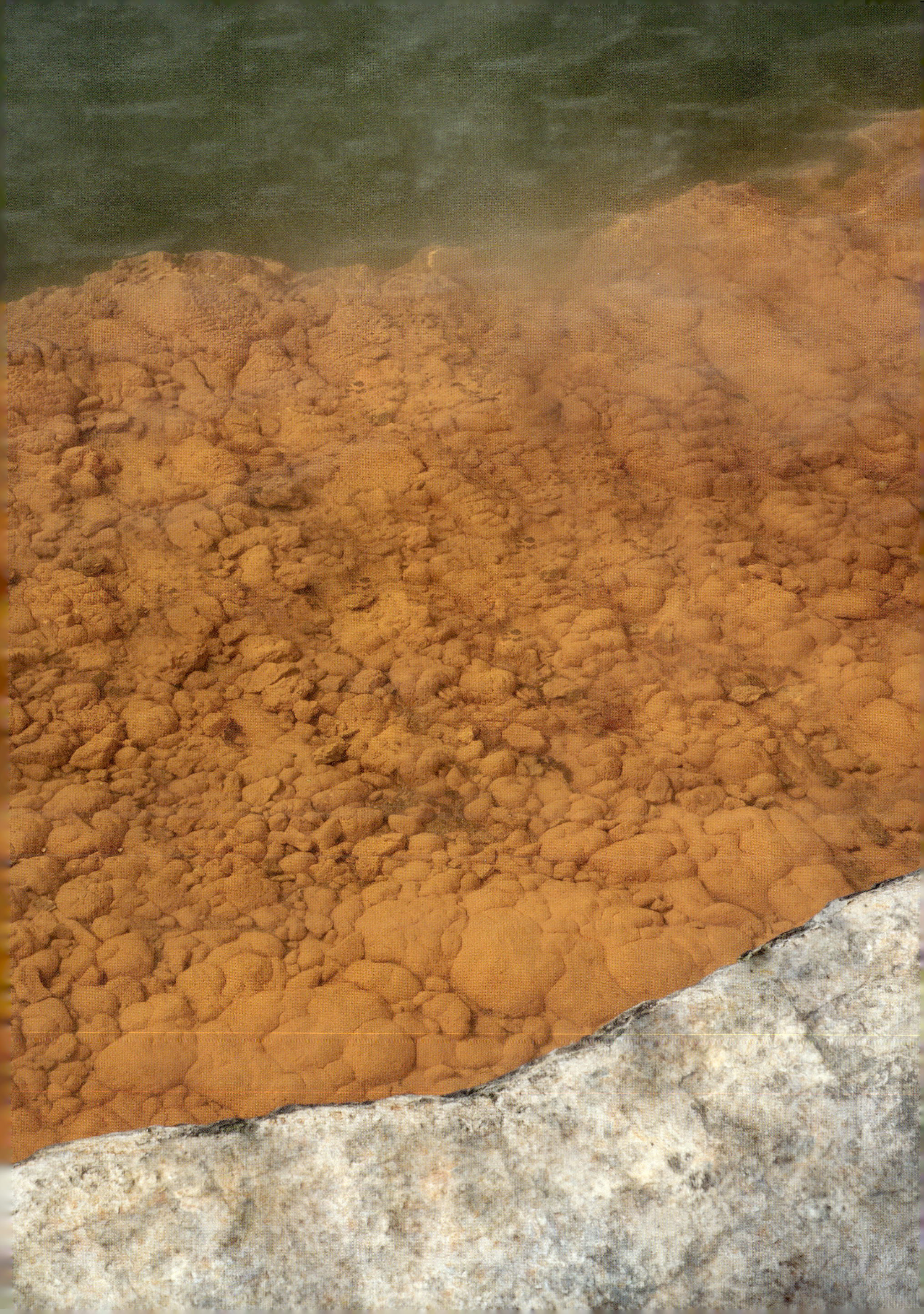

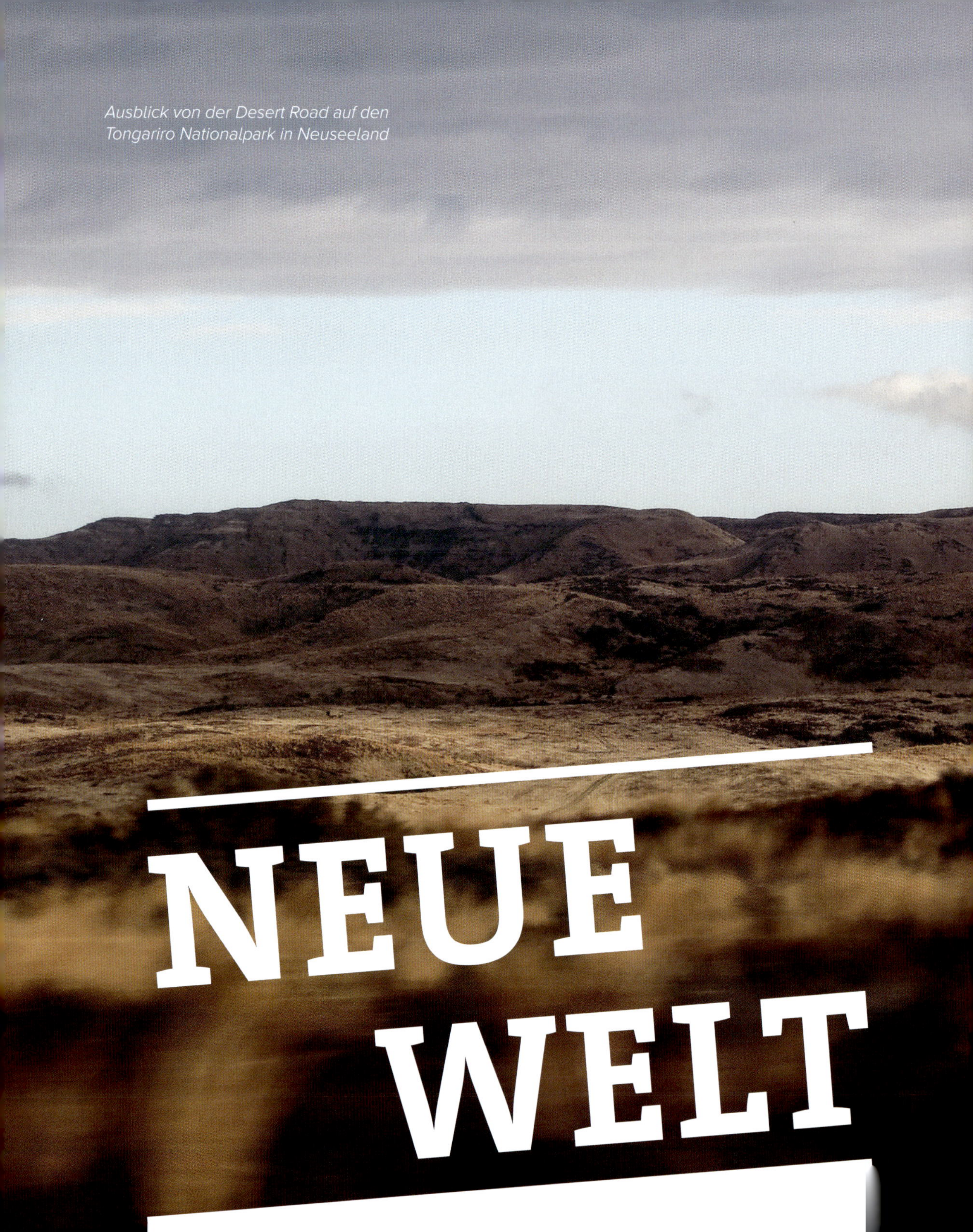

Ausblick von der Desert Road auf den Tongariro Nationalpark in Neuseeland

NEUE WELT

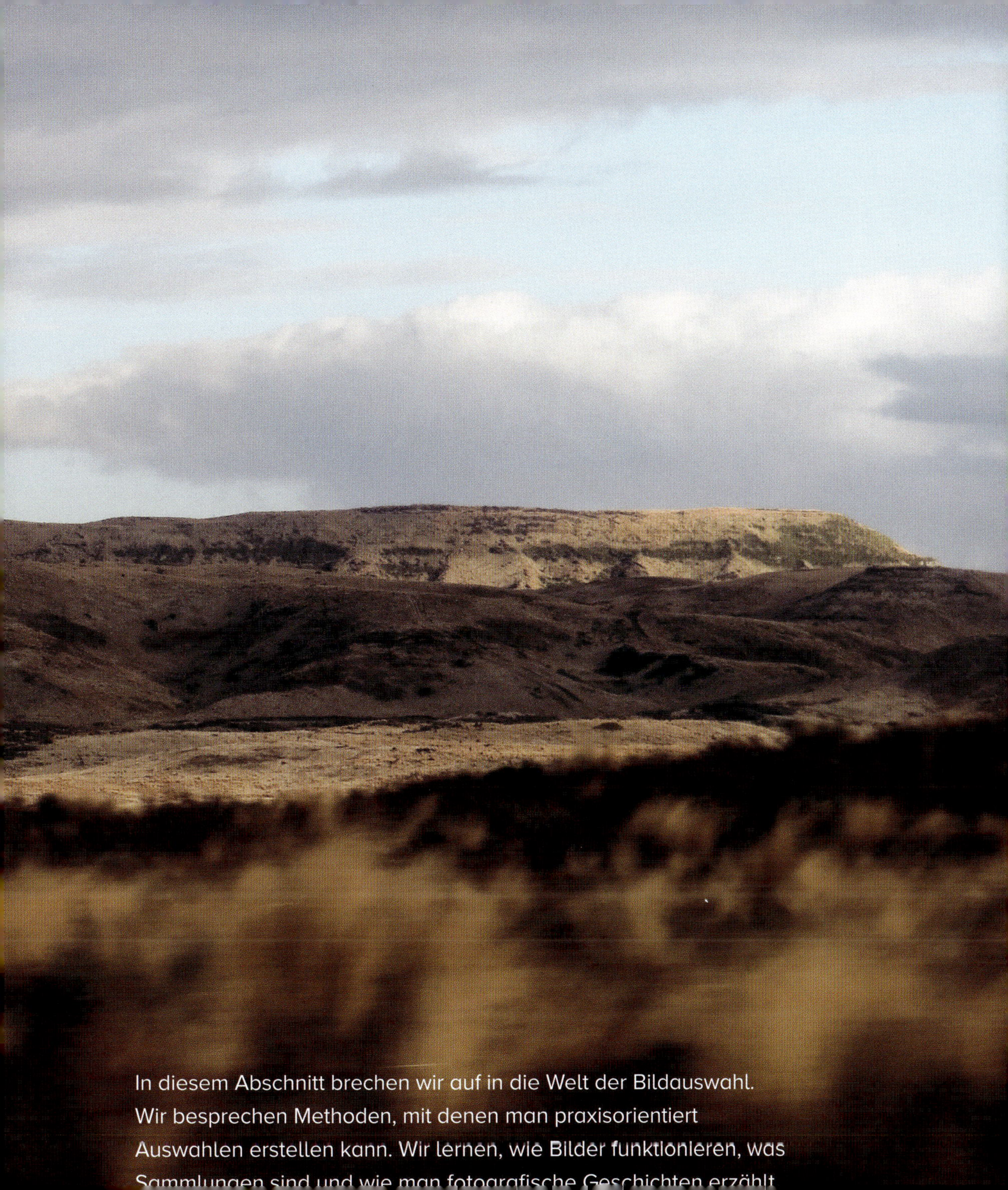

In diesem Abschnitt brechen wir auf in die Welt der Bildauswahl. Wir besprechen Methoden, mit denen man praxisorientiert Auswahlen erstellen kann. Wir lernen, wie Bilder funktionieren, was Sammlungen sind und wie man fotografische Geschichten erzählt

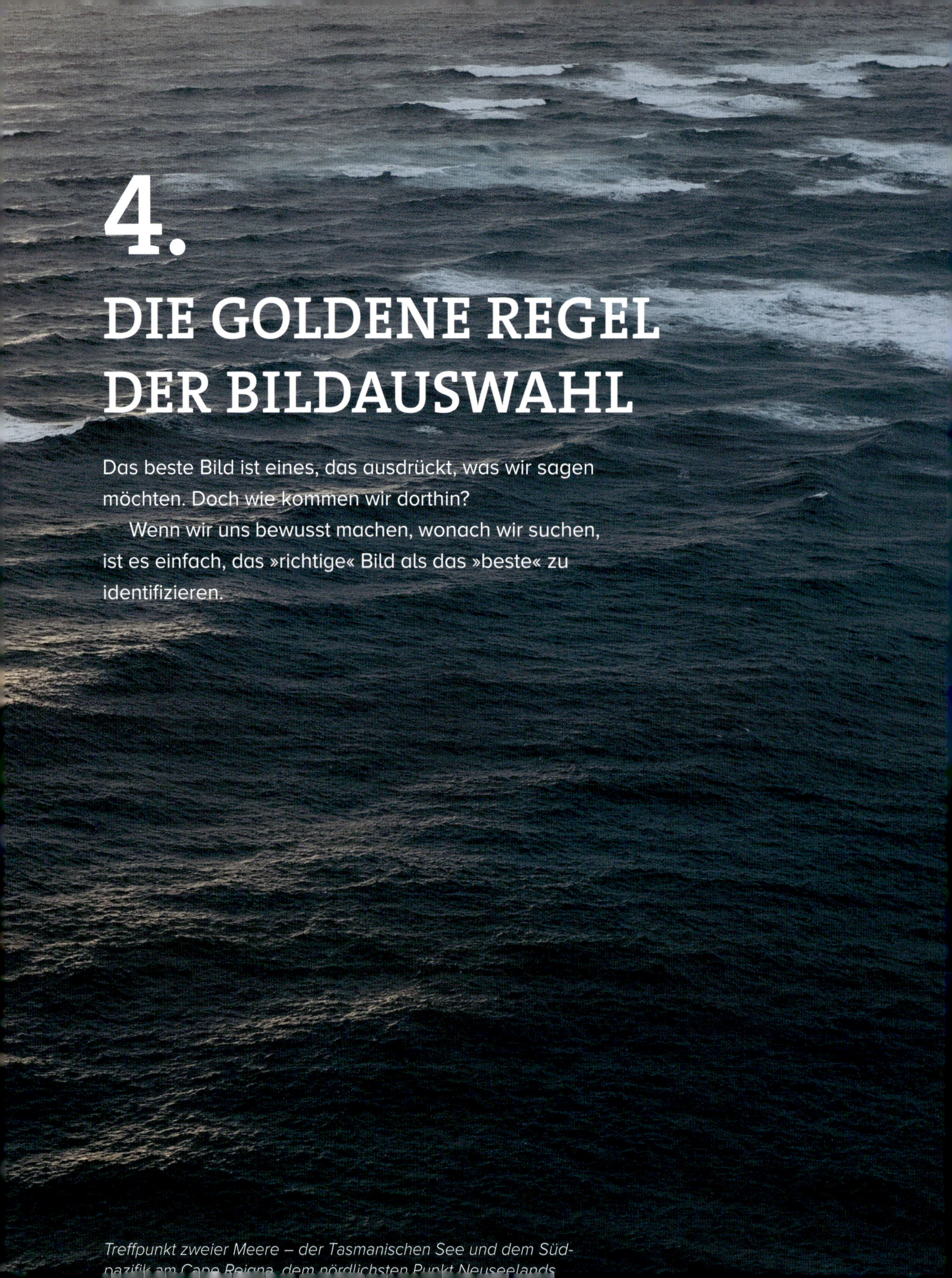

4.

DIE GOLDENE REGEL DER BILDAUSWAHL

Das beste Bild ist eines, das ausdrückt, was wir sagen möchten. Doch wie kommen wir dorthin?

Wenn wir uns bewusst machen, wonach wir suchen, ist es einfach, das »richtige« Bild als das »beste« zu identifizieren.

Treffpunkt zweier Meere – der Tasmanischen See und dem Südpazifik am Cape Reigna, dem nördlichsten Punkt Neuseelands

Warum gehst du fotografieren?

Diese Frage wird jeder Fotograf völlig unterschiedlich beantworten. Es gibt so viele Ansätze wie Fotografen. Aus Spaß, um etwas zu entdecken, um Gefühle zu transportieren, als Ausdruck seiner selbst, um das Familienleben zu dokumentieren. Alles ist möglich.

Was danach passiert, ist in vielen Fällen gleich: Zurück am Rechner beginnt das Rätselraten. Welches Bild ist »das beste«? Erste Auswahlen werden erstellt, Alben angefertigt, mit Farbcodes und Sternen versehen. Und dennoch bleiben im sortierten Chaos 50 Aufnahmen übrig.

Fragt man erfahrene Fotografen um Rat, werden sie höchst wahrscheinlich auf diese Frage antworten: »Das Beste gibt es nicht, schließlich ist Fotografie subjektiv« oder »Das liegt im Auge des Betrachters«. Alles gern und häufig gehörte Antworten. Anschließend wagt der Profi trotzdem einen Blick auf die Fotos und sagt: Das ist das Beste! Aber halt, das Beste gibt es doch nicht. Was ist hier passiert?

Filter haben nichts mit Instagram zu tun

»Das Beste« gibt es tatsächlich nicht. Zumindest nicht pauschal. »Bilder sind subjektiv« ist ebenso eine richtige Aussage. Bilder wirken auf jeden anders. Der Fotograf selbst nimmt seine Fotos anders wahr als jeder seiner Betrachter. Das ist häufig die schwierigste Hürde zu einer guten Auswahl, insbesondere in Bildbesprechungen.

Es ist wichtig, die Informationen auszulassen, die man über das Geschehen im Bild hat, und stattdessen das zu sehen, was abgebildet ist.

Neben den subjektiven Eindrücken gibt es auch objektive Kriterien, um zu entscheiden, welches Bild das beste ist. Und das ist hier passiert. Nicht die Antwort des Freunds war das Irreführende, sondern die Frage.

Die Frage, welches Bild das beste sei, ist zu unkonkret. Wir benötigen Kriterien, nach denen wir objektiv filtern können. Filtern hat an dieser Stelle nichts mit dem Bildlook zu tun, sondern mit der Einschränkung von Suchergebnissen, wie wir es auf Amazon tun.

Nehmen wir folgendes Beispiel:

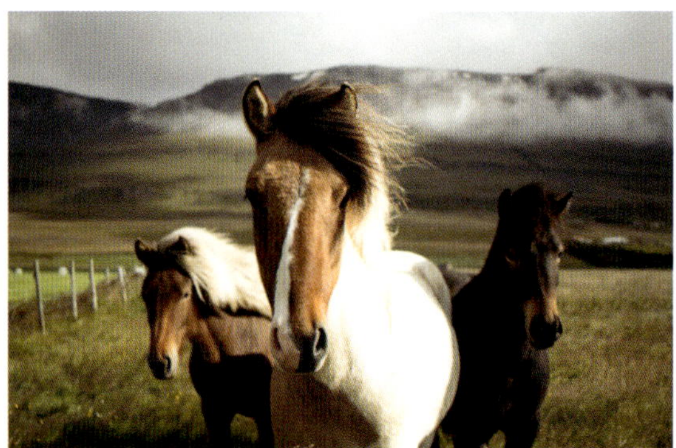

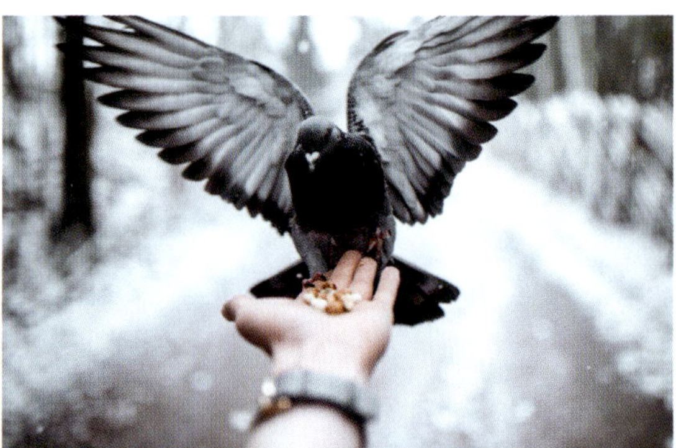

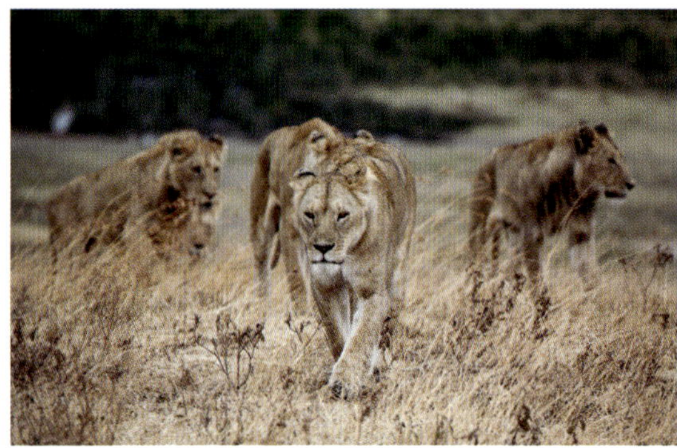

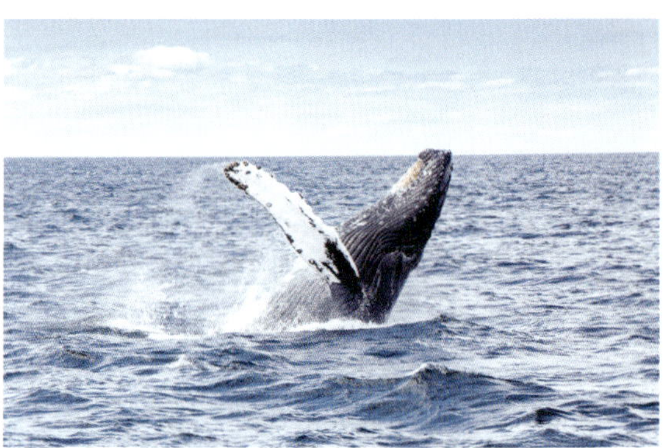

Die Frage »Welches Bild ist das beste?« können wir in diesem Fall kaum eindeutig beantworten. Alle Fotografien sind qualitativ hochwertig, interessant fotografiert und visuell ansprechend. Es hängt vom Betrachter und seinen Vorlieben ab, für welche Aufnahme er sich entscheiden wird.

Fragen wir, welches Bild am besten für den Flyer des Taubenzüchtervereins geeignet ist, sieht die Sache eindeutiger aus. Es ist das Bild mit der Taube. Da können andere Fotos ästhetischer oder inhaltlich vielschichtiger sein, für die Taubenzüchter nehmen wir nicht das Bild mit dem Löwen (oder wir nehmen es gerade deswegen, aber das kommt später).

Je konkreter wir wissen, was wir suchen, desto einfacher fällt die Wahl der richtigen oder eben »besten« Bilder für den konkreten Zweck.

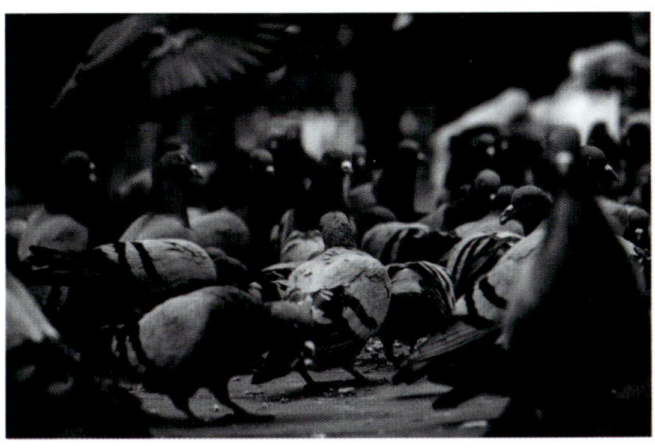
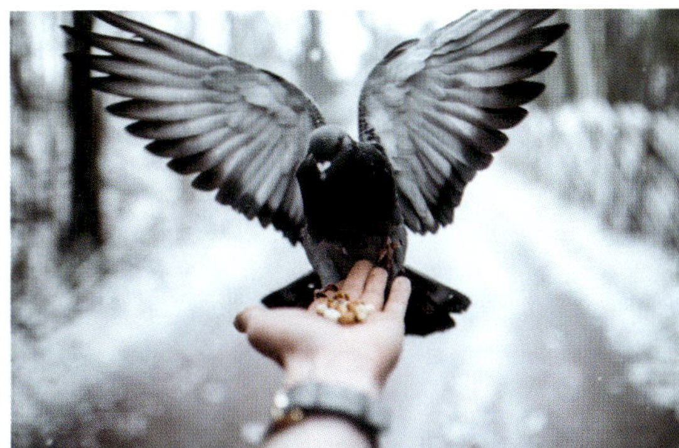
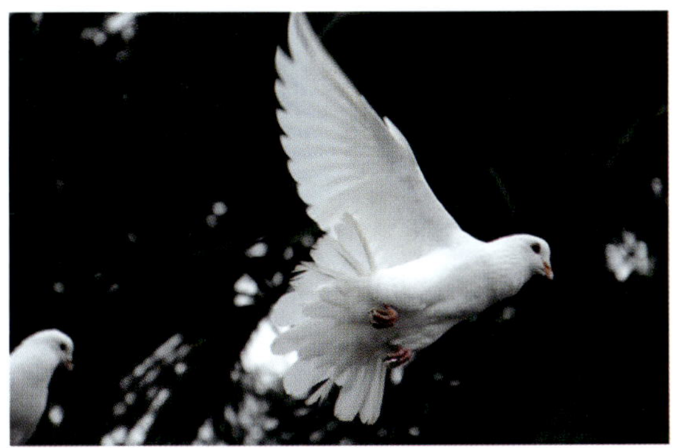
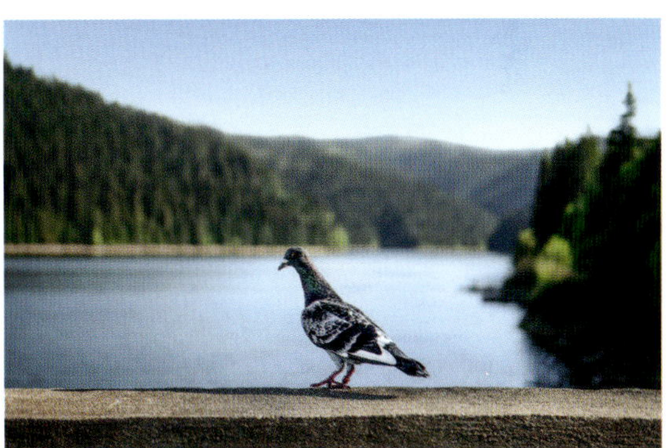

Grundsätzlich spreche ich lieber vom passenden Bild als vom besten, das enthält weniger absolute Wertung. Es beschreibt einen lokalen Bezug zu einem bestimmten Thema.

Möchten wir im nächsten Schritt wissen, welches Bild der passende Aufmacher für eine Geschichte über die Taube in der Natur ist, sind wir wieder nicht ganz eindeutig. Die Tendenz ist sicherlich eines der beiden unteren Bilder. Aber weil wir nicht mehr über den Text wissen, können wir es nicht eindeutig sagen. Handelt der Artikel von der Taube im ländlichen Raum, die gerne an Seen lebt, haben wir eine klare Antwort: unten rechts.

Auch hier hat das Filtern nach einer konkreten Aussage geholfen, um das passende Bild zu finden.

Egal, was wir heutzutage medial konsumieren, erst die Reduktion auf die gewünschte Information führt uns zum Ziel. Auf einer Internetseite mit 1.000.000 Produkten sind wir als Nutzer schnell überfordert. Die richtigen Filter und Suchfunktionen helfen uns, schnell an unser Ziel zu kommen und das gesuchte Produkt zu finden.

Das ist auch der Grund, warum individualisierte Werbung für Unternehmen immer wichtiger wird: Wir als Nutzer sind nicht mehr in der Lage, Herr aller Informationen zu sein. Daher suchen wir uns diejenigen Portale heraus, die uns ideal mit unseren Interessen versorgen. Je zutreffender, desto wahrscheinlicher, dass wir wiederkommen oder direkt etwas kaufen.

Ein unpassendes Bild ist nicht gleich schlecht

Zurück zum Bild: Wenn man sich auf ein Bild festlegt, ist es wichtig, festzustellen, dass die anderen Bilder nicht schlecht sind. Für diesen einen Zweck passt das Bild mit der Taube ganz einfach besser als das mit dem Löwen.

Aus diesem Grund ist es auch ratsam, immer wieder mal eine Tagestour durch sein eigenes Archiv zu machen und auf Fang nach Bildern zu gehen, die einem über Jahre verborgen geblieben sind.

Der Filter, der zur Zeit der Bildauswahl im Kopf justiert war, hat in diesem Moment nicht gepasst. Ein halbes Jahr später sieht die Sache wahrscheinlich anders aus. Der Filter hat sich geändert, vielleicht sucht man inzwischen nach Best-of-Bildern des Jahres und da könnte das Löwenbild durchaus eine Rolle spielen.

Die Frage, die wir uns stellen müssen, lautet also nicht: Welches ist das beste Bild? Sie sollte lauten: Welches Bild passt am besten zum konkreten Zweck?

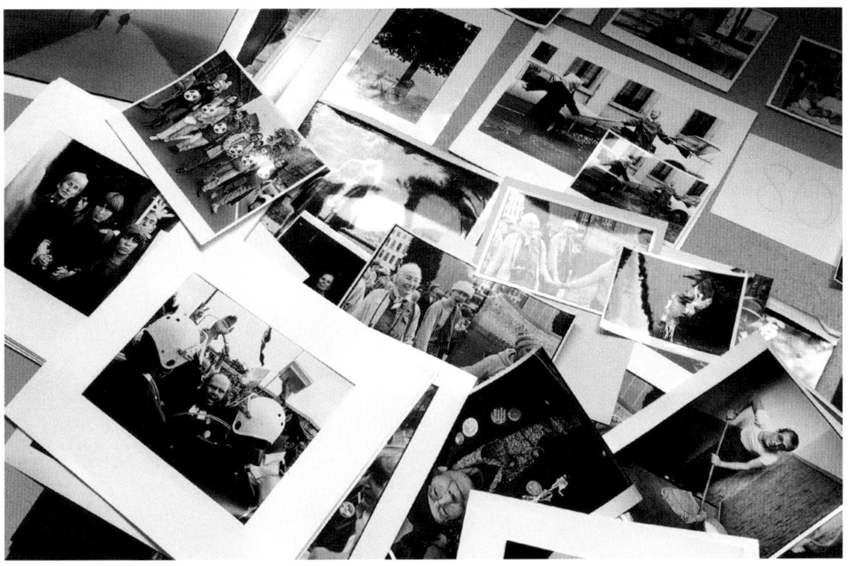

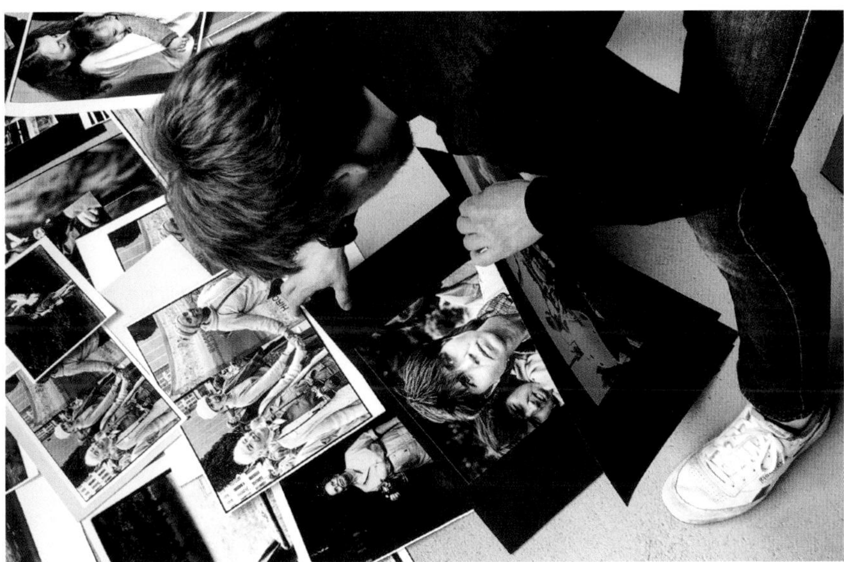

Bei der Kuration der Retrospektive »Knappe 70« von der Fotografin Beate Knappe – Beim Rückblick auf mehr als fünfzig Jahre Fotografie lohnt sich der genaue Blick auf Bilder, die es seinerzeit vielleicht nicht auf ein Cover geschafft haben.

5.

DEN ZWECK PRÄZISIEREN

Zu wissen, was man sucht, ist gut. Die komplette Kommunikationskette zu bedenken, ist besser. Wer sagt im Bild eigentlich was zu wem und mit welcher Wirkung? Und in welchem Kanal? Wie wir diese Fragen präzise beantworten, besprechen wir in diesem Kapitel.

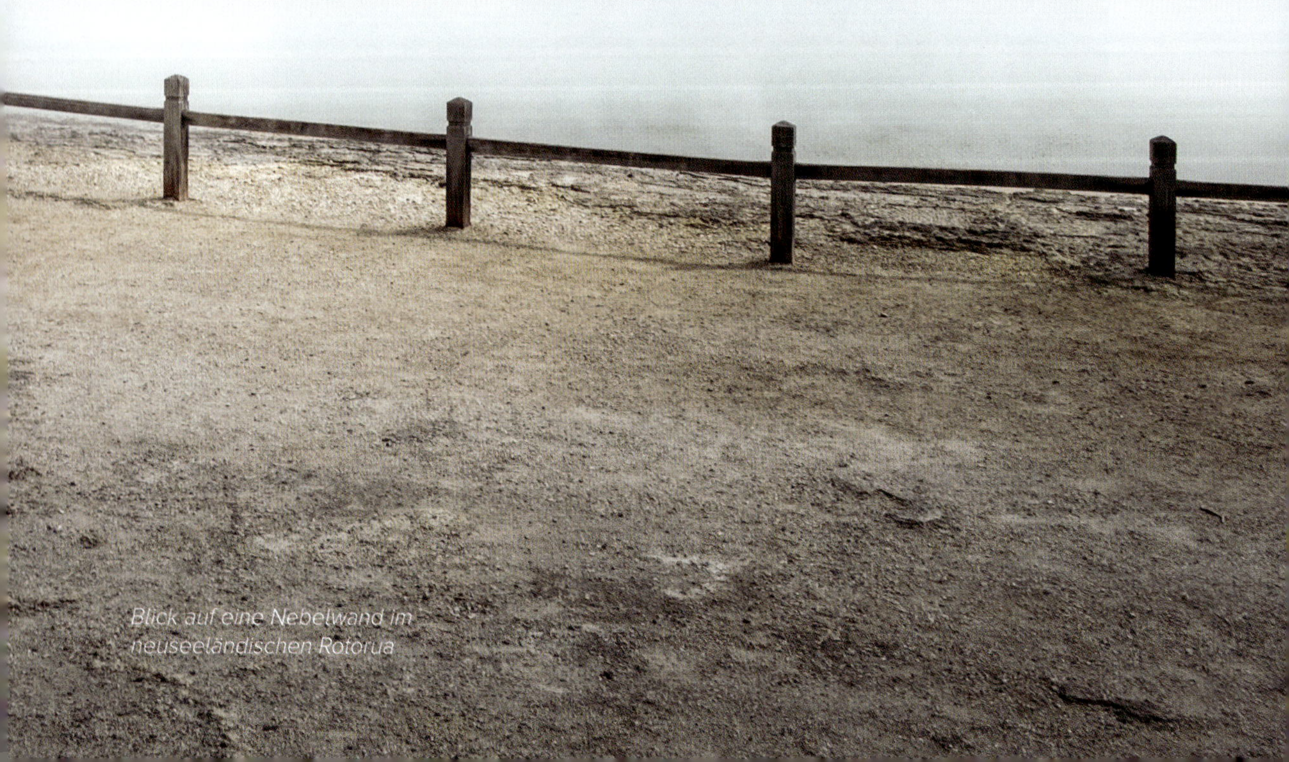

Blick auf eine Nebelwand im neuseeländischen Rotorua

Die Lasswell-Formel

Im Leben ist es häufig schwierig, klar zu formulieren, warum man etwas macht. Auch bei Bildauswahlen ist das nicht anders. Wie wir mit der Frage nach den »besten« Bildern umgehen, haben wir bereits im vorherigen Kapitel besprochen. Wir müssen den Zweck des Bilds kennen und Bilder anhand dieses Zwecks filtern.

Allerdings ist auch die Formulierung des Zwecks alleine kein Garant, um das passende Bild zu finden. Wir müssen den Zweck weiter präzisieren. Dafür können wir die Lasswell-Formel heranziehen. Die von Harold Dwight Lasswell formulierte Formel gilt als grundlegendes Modell für die Massenkommunikation. Sie fragt fünf kritische Punkte in der (fotografischen) Kommunikation ab:

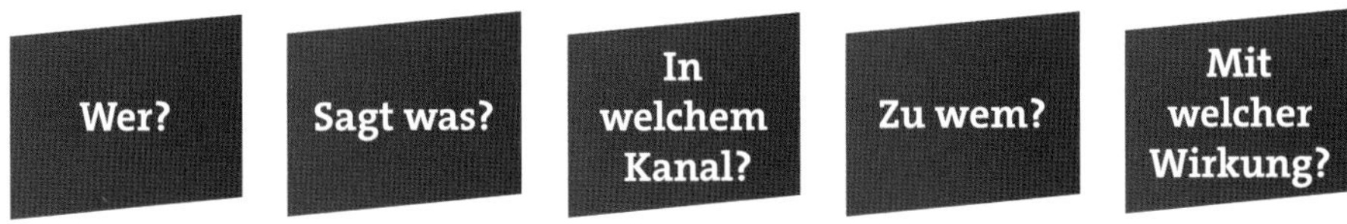

Kritisiert wird die Formel in der Kommunikationswissenschaft häufig für die fehlende Möglichkeit der Rückmeldung des Empfängers. Für die Fotografie also genau passend. In dem Moment der Kommunikationsaufnahme, z. B. bei der Hängung einer Ausstellung oder der Gestaltung eines Magazins, erhält der Fotograf kein unmittelbares Feedback. Er muss es antizipieren.

Für uns Fotografen sind zwei bis drei Antworten in den meisten Fällen sehr einfach zu beantworten. Welche das sind, variiert von Projekt zu Projekt. Die Übriggebliebenen haben es dafür in sich. Gehen wir der Reihe nach durch:

Wer sagt etwas?
Wir als Projektgruppe für Bilder im Taubenzüchterverein

In welchem Kanal?
Wir halten einen Vortrag und haben einen Beamer für eine Powerpoint-Präsentation zur Verfügung.

Wem zeigen wir die Präsentation?
Den Mitgliedern des Taubenzüchtervereins

Mit welchem Effekt?
Einen humorvollen Start

Was könnten wir also zeigen?
Na klar, den Löwen!

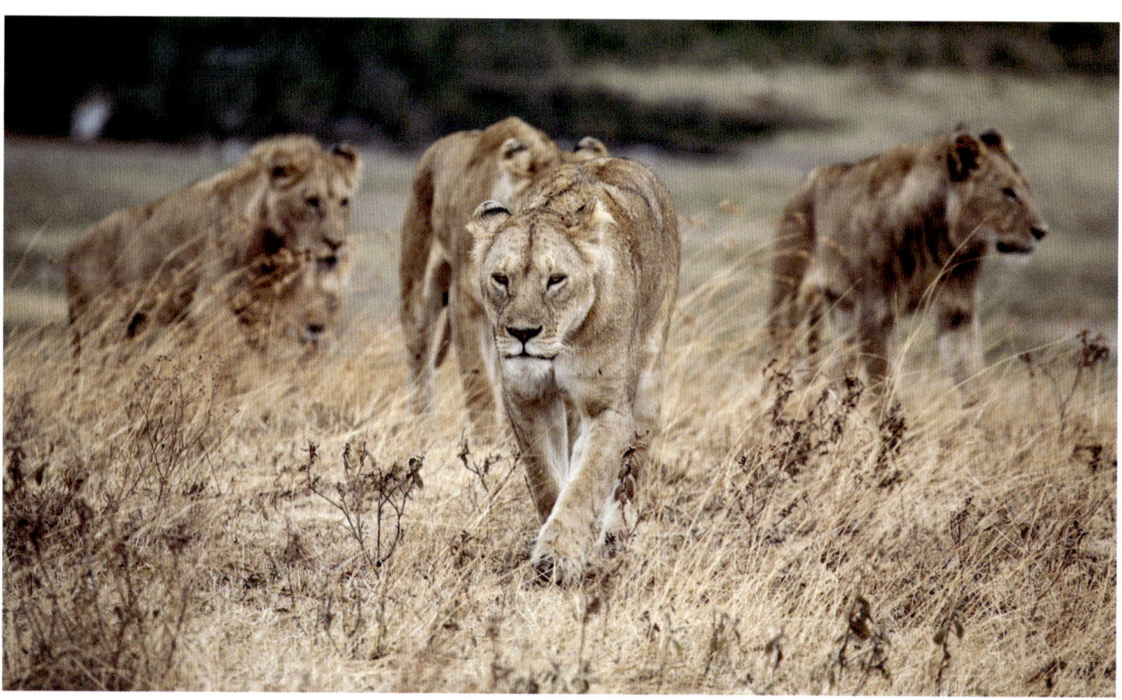

Verändern wir nur eine der Antworten, müssen wir auch die anderen anfassen. Möchten wir einen anderen Effekt und statt des humorvollen Starts einen ernsten erwirken, müssen wir ein anderes Was? nehmen. Zeigen wir den Vortrag nicht den Mitgliedern, sondern Interessenten des Vereins, sollten wir möglicherweise auf das Löwenbild verzichten, den humorvollen Start aber dennoch beibehalten.

Mit nur einer Änderung, verändern wir also den Gesamtkontext und beeinflussen damit auch die Gesamtausrichtung der Auswahl. Mit der genauen Beantwortung aller fünf Fragen steht einer präzisen Bildauswahl inhaltlich nichts mehr im Wege.

Auf den folgenden Seiten finden wir noch ein paar praxisnahe Beispiele:

Beispiel – Flugzeugbauer

Wer?
Das Flugzeug bauende Unternehmen
Hier kommuniziert nicht der Fotograf. Er darf sogar nicht als Kommunizierender wahrgenommen werden.

Was?
Bei uns wird Ihr Segelflugzeug schnell, kompetent und in einer sauberen Umgebung repariert. Mit anderen Worten: Bei uns ist Ihr Flugzeug in guten Händen!

In welchem Kanal?
Flyer für den Auftritt auf einer Luftfahrermesse.

Zu wem?
Segelfliegern, die ein eigenes Flugzeug besitzen und es bald zur Wartung bzw. Instandsetzung senden müssen.

Mit welcher Wirkung?
Der potenzielle Kunde soll das Unternehmen mit der Reparatur beauftragen.

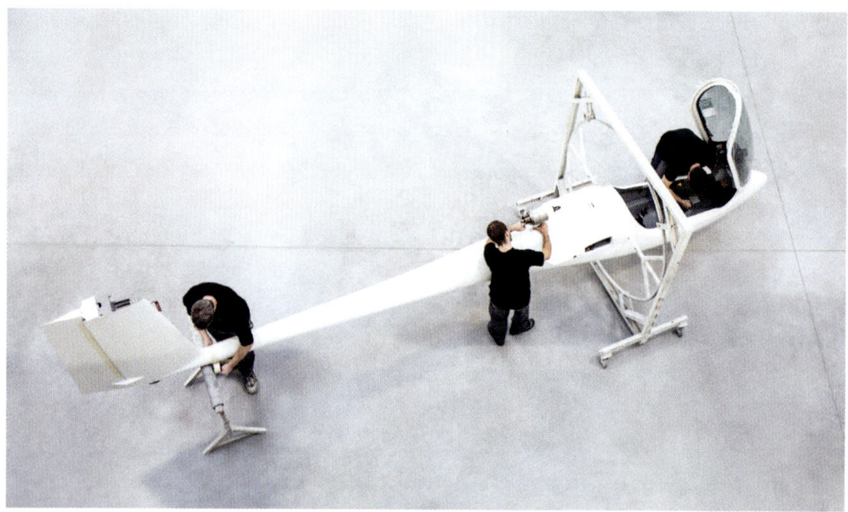

Symbole:
schnell = drei Mitarbeiter
kompetent = Präzise Handgriffe der Abgebildeten
sauber = Helle Umgebung und sauberer Boden

Werbung – ein klassischer Fall für einfache Botschaften

In der Werbung sind die Botschaften zumeist einfach: »Kaufe mich«, »Beauftrage mich« o.Ä. Die gewünschte Wirkung ist dementsprechend vorgegeben. Auch das »Wer?« sowie der Kanal sind häufig für uns nicht beeinflussbare Werte, so auch im Fall dieser Beauftragung.

Aus der Zielgruppendefinition können wir allerdings viele Schlüsse ziehen. Flugzeugbesitzer sind im Regelfall wohlhabende Menschen. Bei der Reparatur kommt es nicht auf das günstigste Angebot an. Wichtiger ist hingegen, dass das Eigentum in sicheren Händen liegt. Schleicht sich auch nur der kleinste Fehler bei der Reparatur ein, steht das eigene Leben auf dem Spiel. Es gilt also, Vertrauen gegenüber dem Kunden aufzubauen.

Eine saubere Umgebung, geschultes Fachpersonal und eine schnelle Bearbeitung (wer möchte schon lange auf sein Flugzeug verzichten) spielen für eine Beauftragung folglich eine wichtige Rolle.

Das »Was?« ist in diesem Fall also eine ganz eindeutige Schlussfolgerung aus der Analyse des »Wem?«.

Beispiel – Journalismus
Story mit der Headline »Vorstoß für Tempolimit gescheitert«

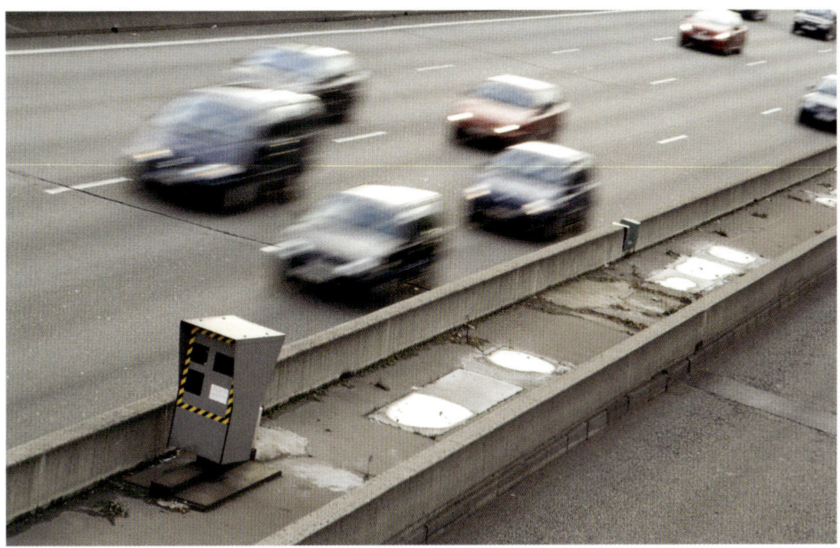

»Vorstoß für Tempolimit gescheitert«

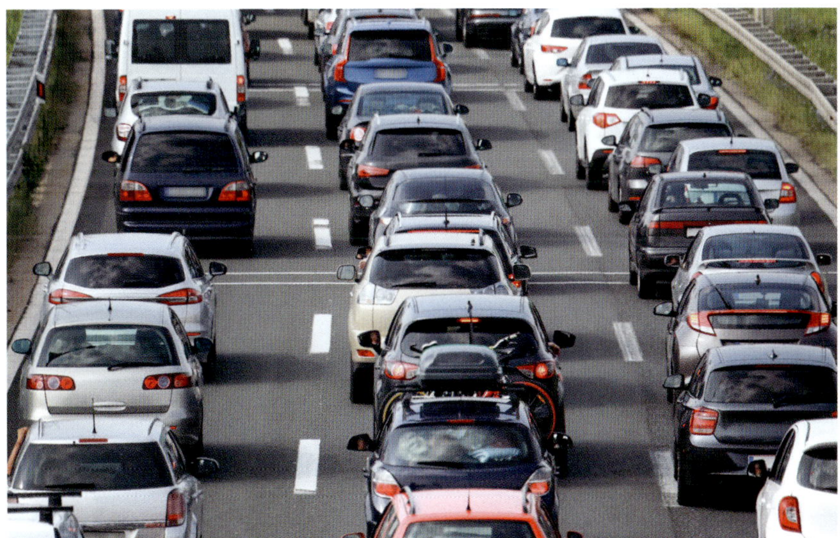

Wer?
Die Tageszeitung – der Journalist, der die Meldung zusammenstellt, tritt hier in den Hintergrund. Der Fotograf erst recht, denn sein Bild ist im Regelfall gar nicht für diese Meldung entstanden. Es handelt sich in den meisten Fällen um Stock- oder Archivmaterial.

Was?
Illustration der Story mit einem Symbolbild, das die Meldung aufwertet. Im Falle des ersten Bildes: Autofahrer sind alle Raser.

In welchem Kanal?
Zeitung oder Online-Variante der Zeitung.

Zu wem?
Dem Leser der Zeitung.

Mit welcher Wirkung?
Bereits ohne die ganze Meldung gelesen zu haben, soll das Bild des Autofahrers als Raser bestärkt werden, dem nur mit einem Tempolimit Einhalt geboten werden kann. Die Zeitung fabriziert also bereits mit dem Aufmacherbild ein Bild »so sind Autofahrer«. Im Journalismus kann mithilfe von Bildern subtil Meinung gemacht werden. Je nach politischer Tendenz des Mediums kann anhand eines Bilds die Meinung des Autors direkt wiedergegeben werden.

Mit dem zweiten Bild würde bereits die Überschrift ganz anders gelesen werden können. Wenn sich der Verkehr sowieso staut, benötigt es auch kein Tempolimit. Es handelt sich bei dem Vorstoß also wieder einmal um Aktionismus o. Ä.

Eine konkrete Bitte

In jeder Fortbildung und in jedem Lehrbuch werden uns Formeln ans Herz gelegt, denen wir unbedingt folgen müssen. Ich bin ein Mensch, der am besten lernt, wenn er alle Möglichkeiten dargelegt bekommt und dann selbst entscheidet, welche für ihn die beste ist. Das gesamte Buch ist daher darauf ausgelegt, immer nur Möglichkeiten aufzuzeigen statt klare Handlungsanweisungen vorzugeben.

Und dennoch schreibe ich es an dieser Stelle gerne: Nutze die Lasswell-Formel! Sie ist immer wieder ein guter Ratgeber. Ohne diese Fragen zu beantworten, werden wir nur schwer zu einer erfolgreichen Auswahl kommen, denn unser Konzept bleibt ein vages Gedankenspiel. Es ist nicht ausschlaggebend, ob wir die Fragen in dieser Reihenfolge aufschreiben, sie mit anderen Fragen ergänzen, sie durch ein Interview mit Freunden entwickeln oder ähnliches. Hauptsache ist, dass die Fragen besprochen und geklärt sind.

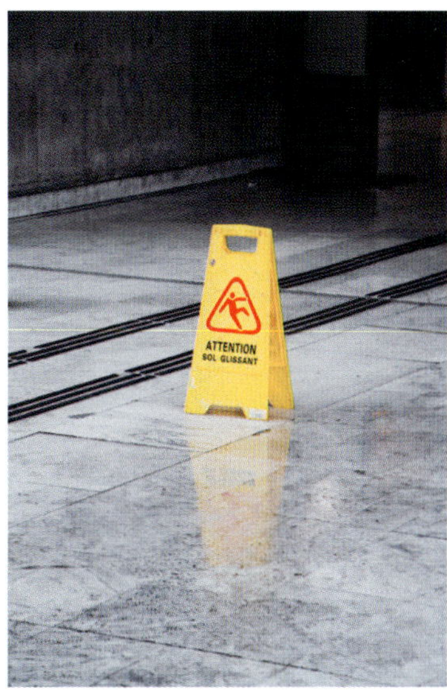

Was macht dieses Bild hier inhaltlich? Es illustriert, dass man aufpassen soll. Hier kommt etwas ganz Wichtiges!

Warum die Antworten so essenziell sind? Ein Gespräch mit einem Kunden

In Beratungen mit Kunden oder bei der Entwicklung von Fotobüchern frage ich die Lasswell-Formel ganz am Anfang ab. Das folgende Gespräch habe ich so oder sehr ähnlich schon oft geführt. Weil wir das Setting nun schon kennen, habe ich es passend zum Beispiel des Taubenzüchtervereins umformuliert.

Sebastian: Siehst du? Solch einen Titel finden wir auch für deine Arbeit. Dafür müssen wir allerdings das Thema ausreichend eingrenzen. Eine Arbeit über Tauben ist anscheinend selbst für dich nur mit Einschränkungen interessant. Stelle dir mal vor, wie das auf Menschen wirkt, die Tauben nicht so gut finden.

Fotograf: Ich verstehe. Aber dann fällt wirklich viel hinten runter. Und vielleicht gibt es dann sogar noch Elemente, die ich fotografieren muss. Also wenn die Ausstellung sich um den Lebensraum drehen soll.

Sebastian: Dafür sind wir ja hier. Lass es uns angehen.

Sinnbild für das Interview.
Die Aufnahme entstand in Georgetown, Malaysia, während eines Spaziergangs durch Little India.

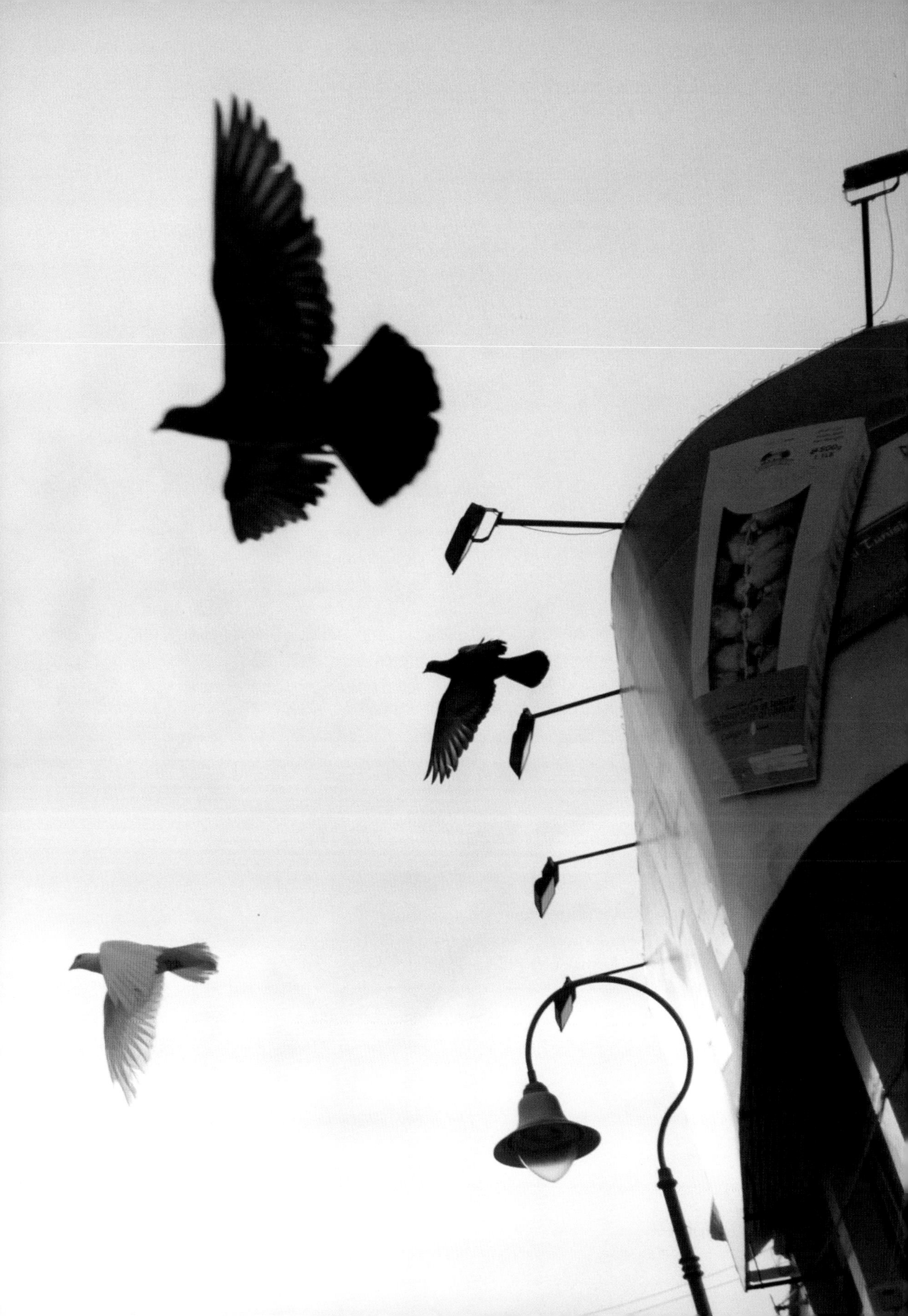

Eine Form des Selbstbetrugs

Das Sich-winden-und-ausweichen, um sich nicht festzulegen, ist nahezu immer Teil eines initialen Projektgesprächs. Wir alle versuchen, unsere Themen so umfangreich wie möglich zu bearbeiten, weil es uns im tiefsten Innern interessiert. Und wenn wir dann die Fotografien sehen, ist es uns wichtig, dass die Bilder präsentiert werden, die uns persönlich am wichtigsten sind.

Doch die traurige Wahrheit ist: Verstehen wir als Betrachter nicht, warum wir uns etwas ansehen sollen, schauen wir weg oder gar nicht erst hin.

Auch bei der Zielgruppe und dem Effekt kann man sich leicht selbst betrügen. Immer wieder hört man Fotografen, deren Zielgruppe aus allen Fotografieinteressierten besteht. Oder deren gewünschter Effekt es sei, »eine Auseinandersetzung anzuregen«. Das mag im Kern zwar wahr sein. Wir werden es jedoch nie schaffen, unsere Arbeit allen zu zeigen, die sich für Fotografie interessieren.

Für wen genau ist also die Arbeit? Kann ich es an ganz bestimmten Personen festmachen? Zeige ich die Urlaubsbilder beim nächsten Treffen meinen Freunden? Dann können wir die Auswahl so erstellen, dass sie speziell für diese Menschen gut wird. Dann ist es sogar besonders einfach, denn wir kennen unsere Zielgruppe gut und können einschätzen, was ihnen gefallen wird bzw. welche Themen wir aussparen sollten.

Und wenn wir die Bilder eine Woche später noch den Kollegen auf der Arbeit zeigen möchten, muss eben eine zweite Auswahl erstellt werden. Es ist klar, dass das aufwendig ist. Doch profitieren die eigene Arbeit sowie das Ansehen bei den Zuschauergruppen immens von dieser Investition.

Die Beantwortung der fünf Lasswell-Fragen greift also tief ein in den Prozess der Bildauswahl. Je genauer wir wissen, was wir wollen, desto genauer können wir sagen, welches Bild für uns und den Betrachter wichtig wird.

Haltung bewahren – oder sie erst finden

Geht es um die letzte Präzision in der Formulierung der Lasswell-Formel, fällt häufig das Wort »Haltung«. Haltung deswegen, weil eine präzise Ausdrucksweise in den meisten Fällen auch bedeutet, eine Meinung zu äußern. Finden wir es gut, dass Tauben auf dem Marktplatz allen Menschen vor den Füßen herumlaufen und die letzten Krümel vom Boden picken?

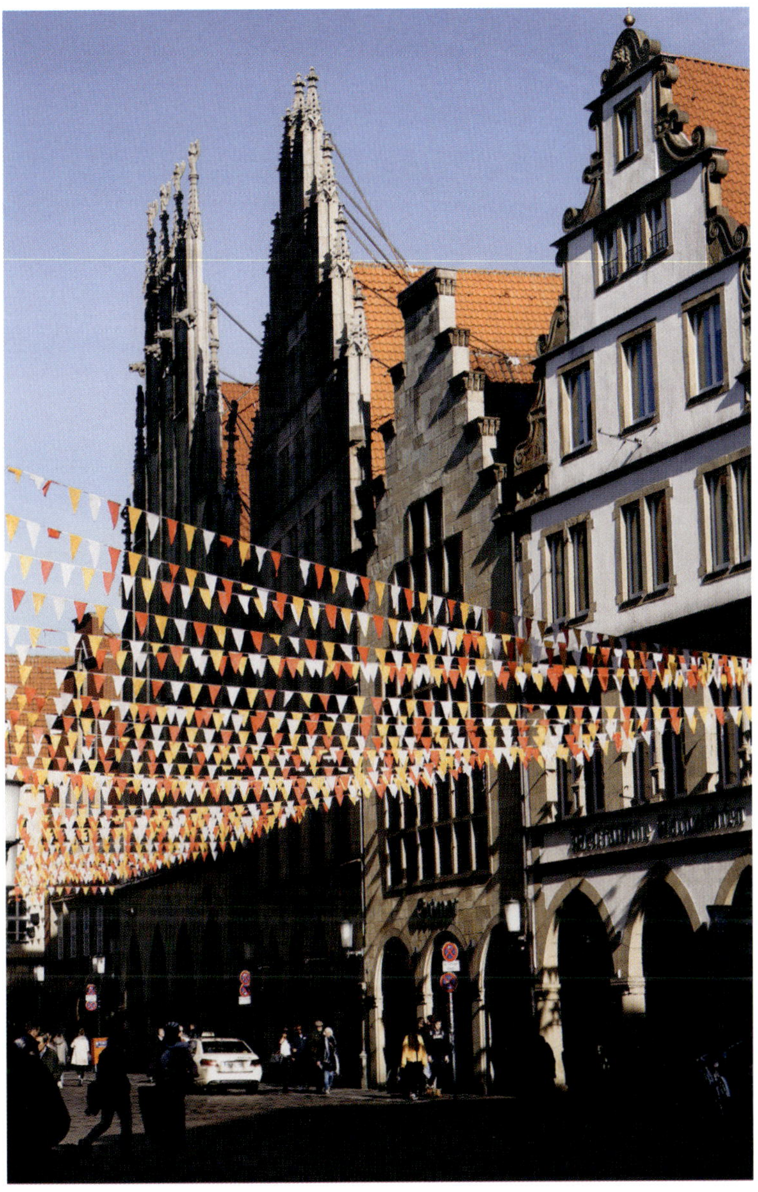

Der Prinzipalmarkt in Münster, geschmückt bei Sonnenschein. Ein gutes Argument für ein schönes Münster.

Die Veröffentlichung einer Arbeit bedeutet, sich einem Publikum zu stellen. Und sich öffentlich festzulegen, fällt vielen von uns schwer. Lautet die Antwort auf die Tauben-Frage aus Überzeugung Ja, dann soll man das sagen. Auch wenn es unpopulär ist. Sicher hat man eine Begründung dafür, diese sollte sich idealerweise in den Bildern zeigen.

Oft entsteht im Prozess eines Projekts auch erst eine dezidierte Haltung zu dem bearbeiteten Thema. In beinahe jedem Fall entwickelt sich diese Meinung im Verlauf der Arbeit noch ein ganzes Stück weiter. Diese zu verstehen und äußern zu können, ist eine große Herausforderung, da sie ein großes Maß an Selbstreflexion und Ehrlichkeit von einem selbst abverlangt.

Haltung schließt natürlich nicht aus, dass man mit Bildern offene oder rhetorische Fragen stellt. Die persönliche Festlegung hilft eher dabei, auch diese Fragen präziser zu formulieren und die eigene Argumentation in der Arbeit zu stärken.

Eine Argumentation hat in diesem Fall nicht notwendigerweise etwas mit Diskussion und Streit zu tun. Ist unser fotografisches Thema »Die Schönheit der Stadt Münster«, muss ich mit meinen Bildern den Beweis antreten, dass Münster tatsächlich schön ist. Am besten umzusetzen ist das, wenn wir uns eine schlüssige Argumentation überlegen. Erst den Dom, dann den Prinzipalmarkt und erst als Drittes eine von Autos befahrene Hauptstraße. Würden wir diese als Erstes zeigen, könnte der Betrachter vermuten, dass unsere Arbeit ironisch ist.

Lasswell immer dabei haben

Arbeite ich an einem freien Projekt, hänge ich mir die Antworten auf einem Stück Papier an eine Wand. Im Laufe der Zeit verändern sich die Antworten und das ist auch normal.

Ein Argument gegen die Lasswell-Formel ist, dass es für den Heimgebrauch etwas zu aufwendig wäre, sich nach jedem Urlaubstag einen Zettel mit Antworten an die Wand zu hängen. Dem stimme ich voll und ganz zu. Es einmal zu machen, ist ausreichend. Danach wissen wir ja für den Rest des Urlaubs, für wen und mit welchem Ziel wir unsere Auswahlen erstellen.

Je öfter man die Formel nutzt, desto mehr geht sie in Fleisch und Blut über. Und desto wahrscheinlicher ist es, dass man sich viele Fragen im Kopf beantworten kann. Es pro Projekt einmal am Anfang und einmal am Ende bewusst zu tun, hilft, die Sinne für die gesuchten Aufnahmen zu stärken.

Fahre ich für ein Projekt länger an einen Ort, packe ich mein »Thesenpapier« mit den Lasswell-Fragen immer an einen prominenten Ort in meine Kameratasche. Es ist leicht, den Fokus für den Kern der eigenen Arbeit zu verlieren, wenn man unterwegs von vielen Eindrücken gefordert und beeinflusst wird. Und wie wir alle wissen, ist Fokussieren wichtig, um besonders scharfe Bilder zu machen. Das gilt auch für den Inhalt und einen präzise formulierten Zweck.

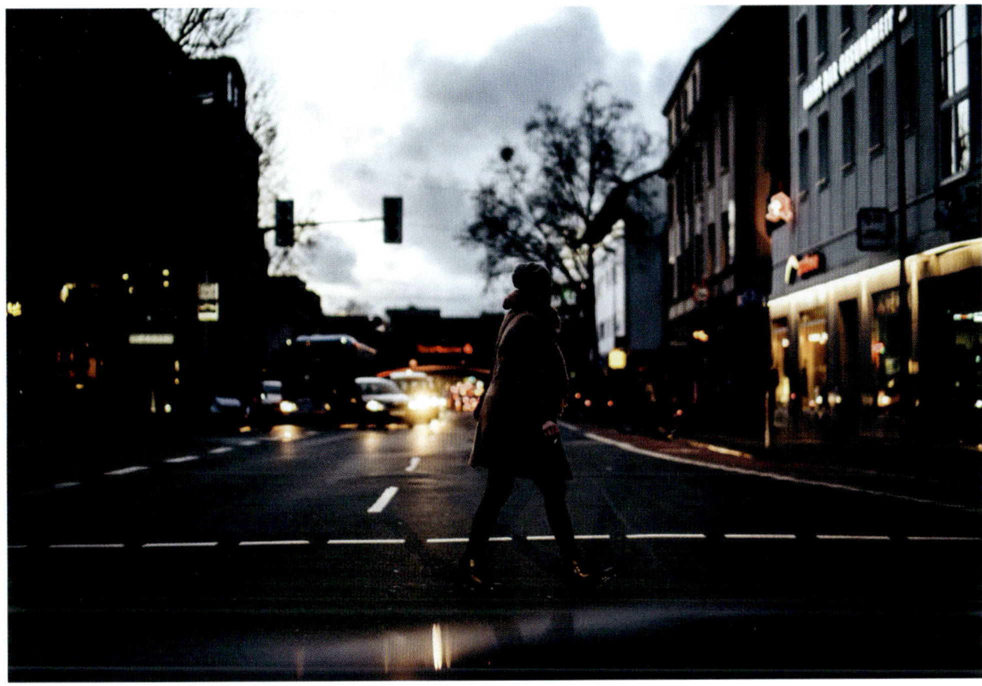

Wolbecker Straße in Münster bei Sonnenuntergang.
Das Motiv ist kein guter Aufmacher für eine Serie »Das schöne Münster«.

6.

ENTSCHEIDUNGEN TREFFEN

Aus den gleichen Bildern können viele unterschiedliche Arbeiten entstehen. Ganz davon abhängig, wie wir den Fokus der Arbeit verändern. Wie eine Arbeit wirkt, hängt also vor allem von unseren eigenen Entscheidungen ab.

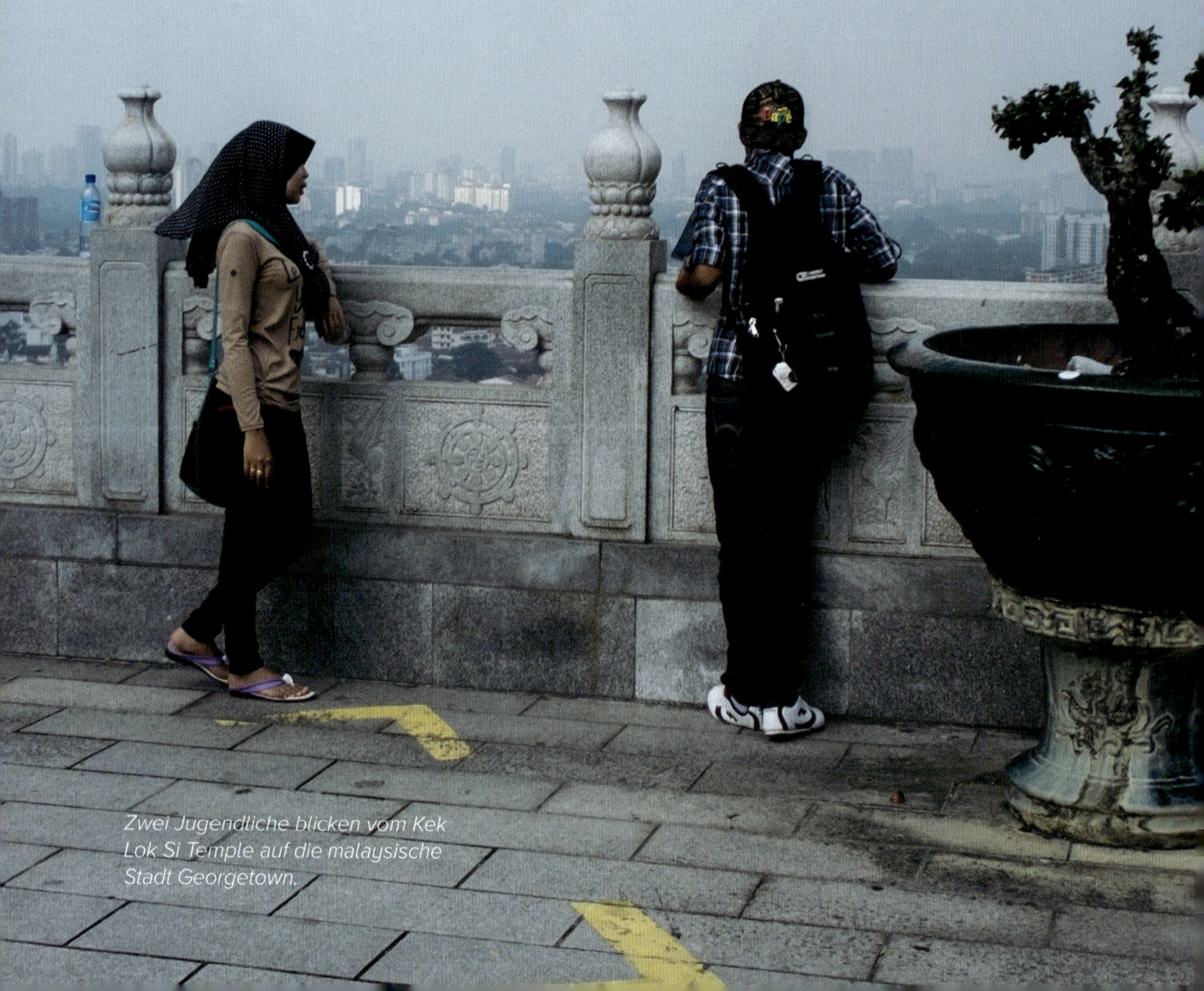

Zwei Jugendliche blicken vom Kek Lok Si Temple auf die malaysische Stadt Georgetown.

Es gibt nicht nur eine Lösung

Anlässlich der Frankfurter Buchmesse, deren Partnerland 2018 Georgien war, sollte der Bildband »Georgien Inside Outside« mit Arbeiten von georgischen und deutschen Fotografen entstehen. Mein Part bestand darin, eine Arbeit über das traditionelle Kunsthandwerk Georgiens zu erstellen.

Ich war einer der ersten Fotografen, die für das Buch produzierten. Zum Zeitpunkt meiner Reise war daher noch nicht geklärt, welche weiteren Essays mit in das Buch kommen würden. Damit war ebenso offen, wie ich meine Arbeit im Buch erzählen sollte. Wir hatten verabredet, dass ich Porträts von traditionellen Kunsthandwerkern erstelle und einige davon gezeigt werden. Wie ich meine Geschichte erzählen sollte, dafür gab es einige Optionen. Vier davon möchte ich auf den folgenden Seiten besprechen:

1. Kleine Serien – Heldengeschichten der Künstler
2. Aus der Ich-Perspektive – die Reise des Fotografen
3. Porträtsammlung – ein Bild pro Künstler
4. Prozessbilder – Menschen bei der Arbeit

Um das entscheidende Foto nicht zu vergessen, fotografierte ich alle vier Varianten, um später die Wahl zu haben, wenn ich die anderen Arbeiten sehen konnte. Noch nie hatte ich eine so umfassende Sammlung mit beinahe unbegrenzten Präsentationsmöglichkeiten fotografiert.

Anhand der Lasswell-Formel gingen wir Variante für Variante durch. Jede Präsentationsvariante stellte den Inhalt der Arbeit völlig auf den Kopf.

Am Schluss war dann allerdings doch nur eines wichtig: Ich musste entscheiden, was **ich** sagen und erreichen wollte (Lasswell-Fragen 2 und 5). Es gab kein »Richtig« und kein »Falsch«, kein »aber mit diesen Bildern ist es schlecht oder sieht es doof aus«. Es stellte sich heraus, dass alle Varianten mit den Arbeiten der anderen Fotografen kombinierbar wären. Meine Entscheidung traf ich schließlich auf Basis dessen, was ich aussagen bzw. vermitteln wollte.

Die richtige Erzählform wählen

Bei der Bildauswahl gibt es zwei grundlegende Muster, wie wir Fotografien sortieren können: **als Geschichte oder als Sammlung.**

Auf den folgenden Seiten besprechen wir zunächst, wie wir mithilfe der Lasswell-Formel den Fokus von Geschichten und ihrer Erzählung festlegen können. Anschließend gehen wir näher darauf ein, wie eine Sammlung entsteht.

Geschichten

»Menschen lieben Geschichten« – was für ein abgekauter Satz. Und doch ist er wahr. Schon am Lagerfeuer, vor Tausenden von Jahren, wurden Geschichten erzählt. Fotografische Geschichten sind Reportagen, editoriale Porträts (wie Erfolgsgeschichten von Managern in Magazinen) oder freie, künstlerische Projekte.

Im Fall meiner Georgien-Arbeit fokussierte ich mich auf zwei Arten der Geschichtserzählung. Zunächst sollte der Handwerker im Mittelpunkt der Geschichte stehen, ehe ich eine Variante mit mir als »dem Reisenden« in der zentralen Rolle ausprobierte.

1. Kleine Serien – Heldengeschichten der Künstler

Ausnahmslos hatten alle von mir besuchten Kunsthandwerker ein bewegtes Leben. Ein Journalist hätte eine Heldengeschichte über jeden einzelnen schreiben können. So lag es nahe, die Porträtierten als Helden zu charakterisieren, ähnlich wie Topmanager in Businessmagazinen. Der Begriff Held ist hier ganz bewusst gewählt und meint damit nicht die übliche Definition von »Heldentum dank Superkräften«. Im Bereich der Geschichtenerzählung ist das Wort ein häufig genutztes Synonym für »Hauptdarsteller mit einer Fähigkeit, die die Story vorantreibt, sie möglicherweise sogar begründet«.

Der zentralen Person einer Geschichte (dem Helden) widerfährt etwas, sie bewältigt eine Probe oder ein Hindernis. Dadurch wird sie zum Helden der Erzählung. Doch wie kann ich als Fotograf, mit ca. zwei Stunden Zeit, einen Menschen zum Helden machen? Das gesamte Leben und seine Hürden zu verarbeiten, schien mir in dieser kurzen Zeit unmöglich.

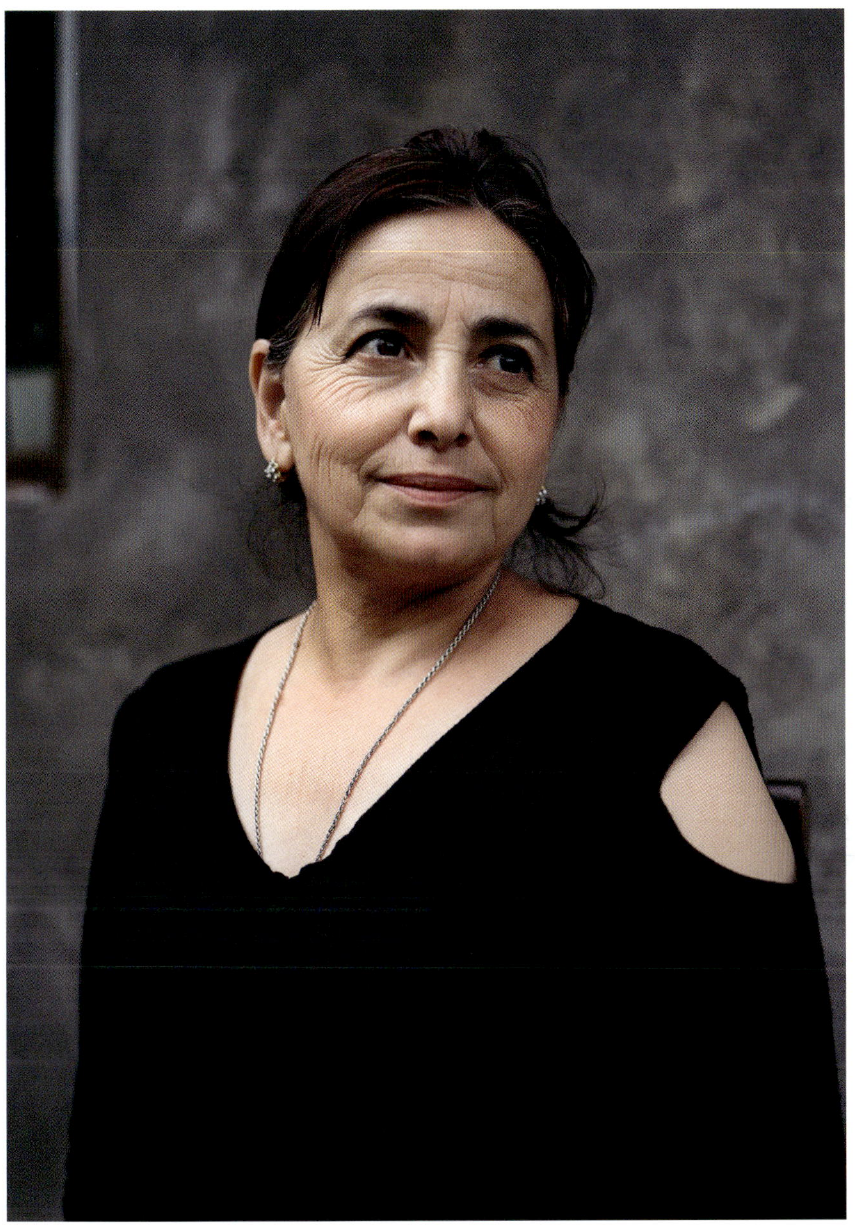

Lamara – die letzte Seidenspinnerin Georgiens

Also stellte ich nicht das Leben, sondern den Handwerker und seine Arbeit in den Mittelpunkt. Die Gefahr für das Buch war bei dieser Vorgehensweise die konstante Wiederholung der immer selben Geschichte: Mensch bei der Arbeit, nettes (tiefgreifendes) Porträt und nächste Geschichte.

Ein sich selbst wiederholender Rhythmus kann den Betrachter schnell langweilen. Bei beinahe 20 Geschichten, die ich fotografiert hatte, war es demzufolge wichtig, schon bei der Auswahl der Handwerker aufzupassen und möglichst viele unterschiedliche Heldengeschichten zu finden.

Die folgende Heldenserie zeigt **die letzte Seidenspinnerin Georgiens – Lamara**. Für Georgische Seide werden die Tiere nicht getötet. Die Züchter warten bis die Schmetterlinge aus dem Kokon geschlüpft sind und kochen die leeren Kokons anschließend ein. Die Seidenqualität ist zwar nicht so makellos wie in China, dafür dürfen die Tiere leben. Aufgrund der geringeren Qualität und der aufwendigen Gewinnung ist die Tradition beinahe verloren gegangen. Lamara war die Letzte ihrer Zunft. Seit einigen Jahren gibt es wieder mehrere Züchter, alle haben mit Seidenraupen aus Lamaras Züchtung begonnen.

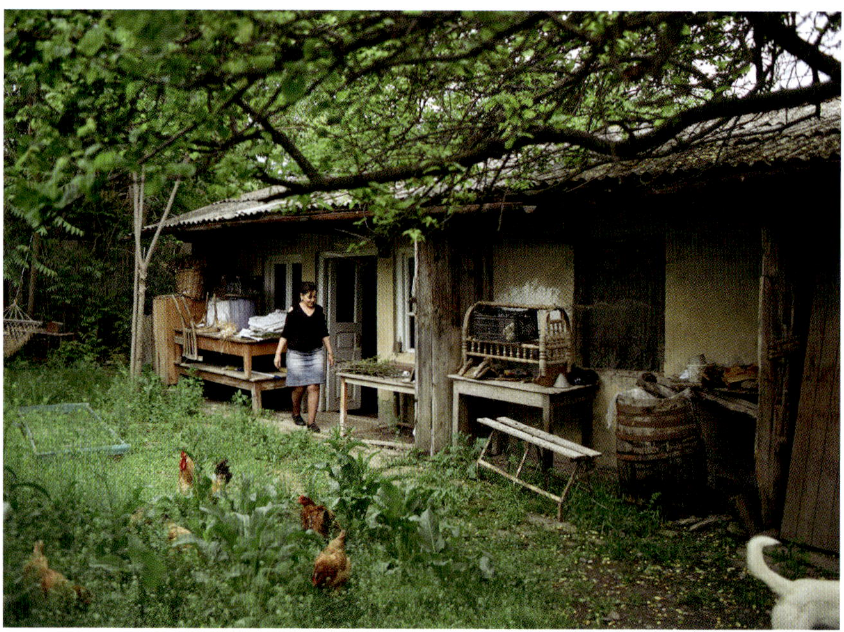

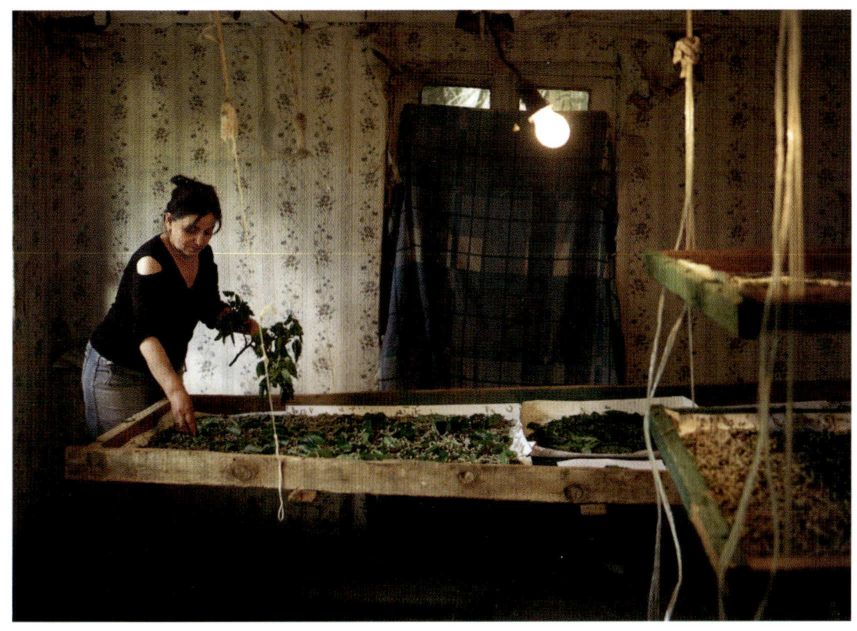

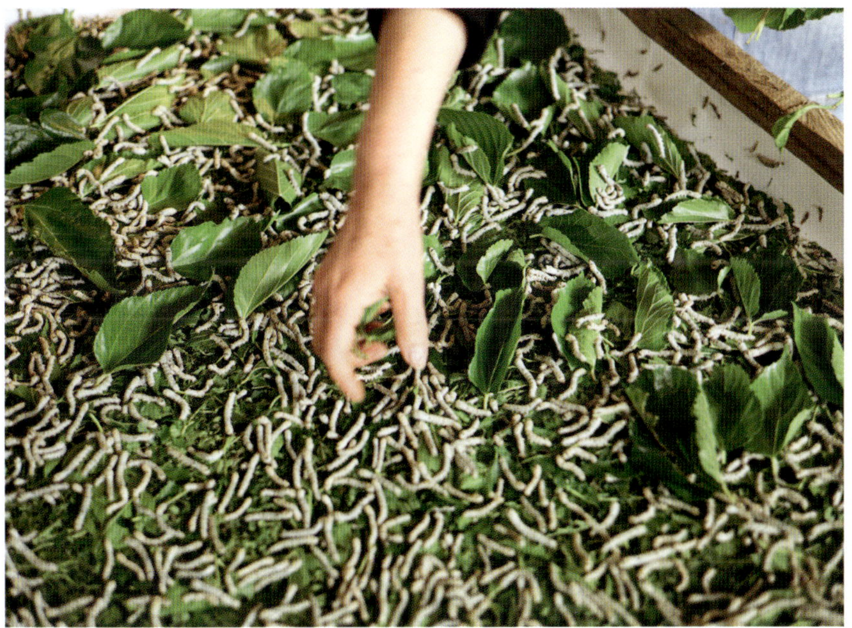

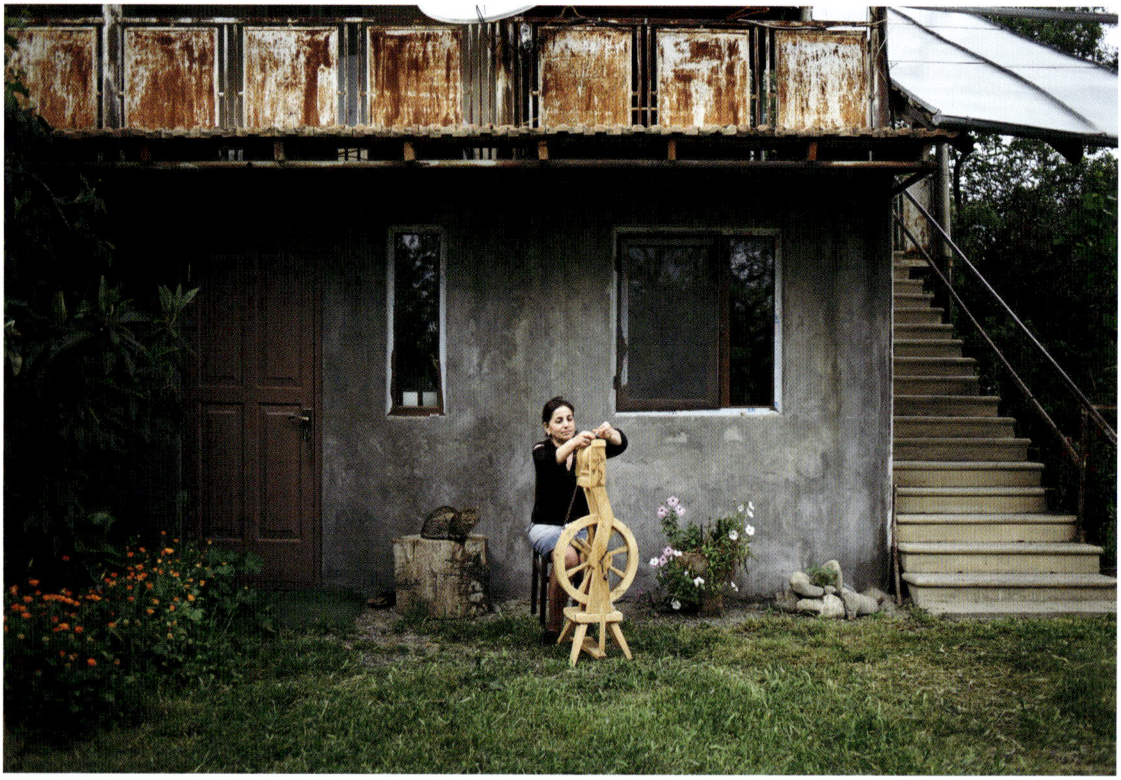

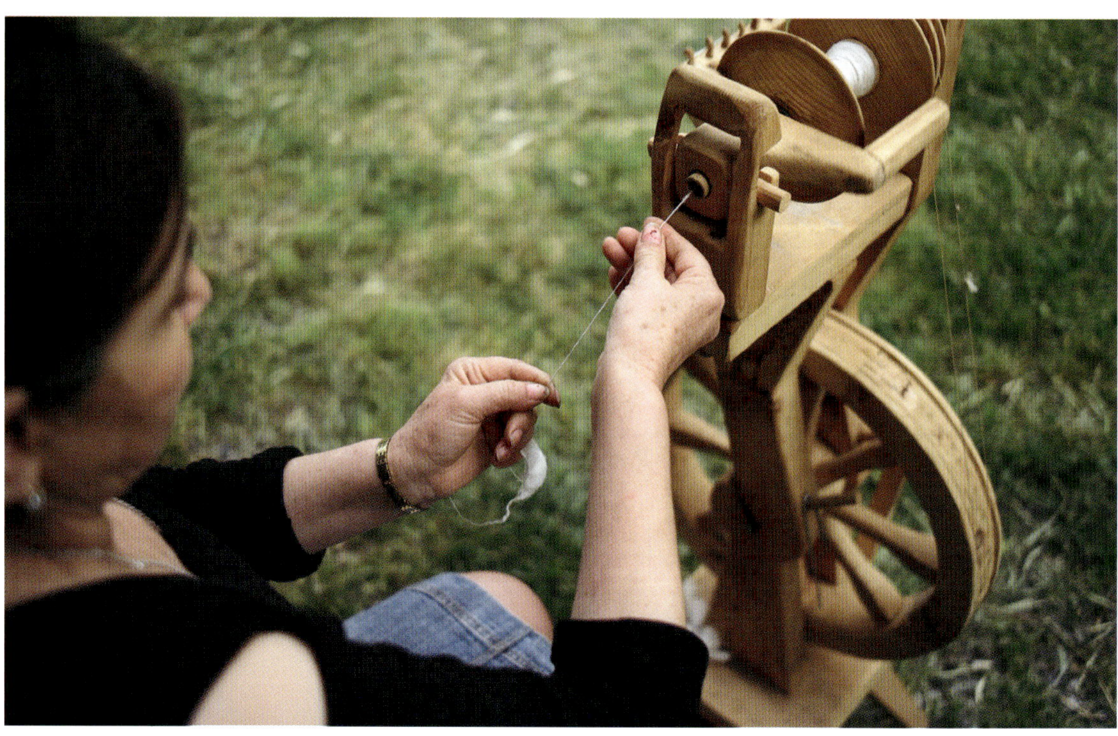

Lasswell-Formel – Das Subjekt als Held

Wer (erzählt)?
Der unbekannte Erzähler; Ich als Fotograf

Was (wird erzählt)?
Wie produziert die Hauptdarstellerin Lamara Seidenfäden, wo arbeitet sie?
Unterschwellig anhand der charakterisierenden Umgebung: Wie ist sie wohl als Mensch?

In welchem Kanal?
Buch über Georgien/Geschichte

Zu wem?
Dem kulturinteressierten Leser, der interessante Hintergründe über das Land Georgien erfahren möchte – möglicherweise als Reisevorbereitung oder als Nachlese zur eigenen Reise.

Mit welchem Effekt?
Unterhaltung (seichte Heldengeschichte), Aufklärung (so wird das in Georgien gemacht), Wissensvorsprung gegenüber Freunden

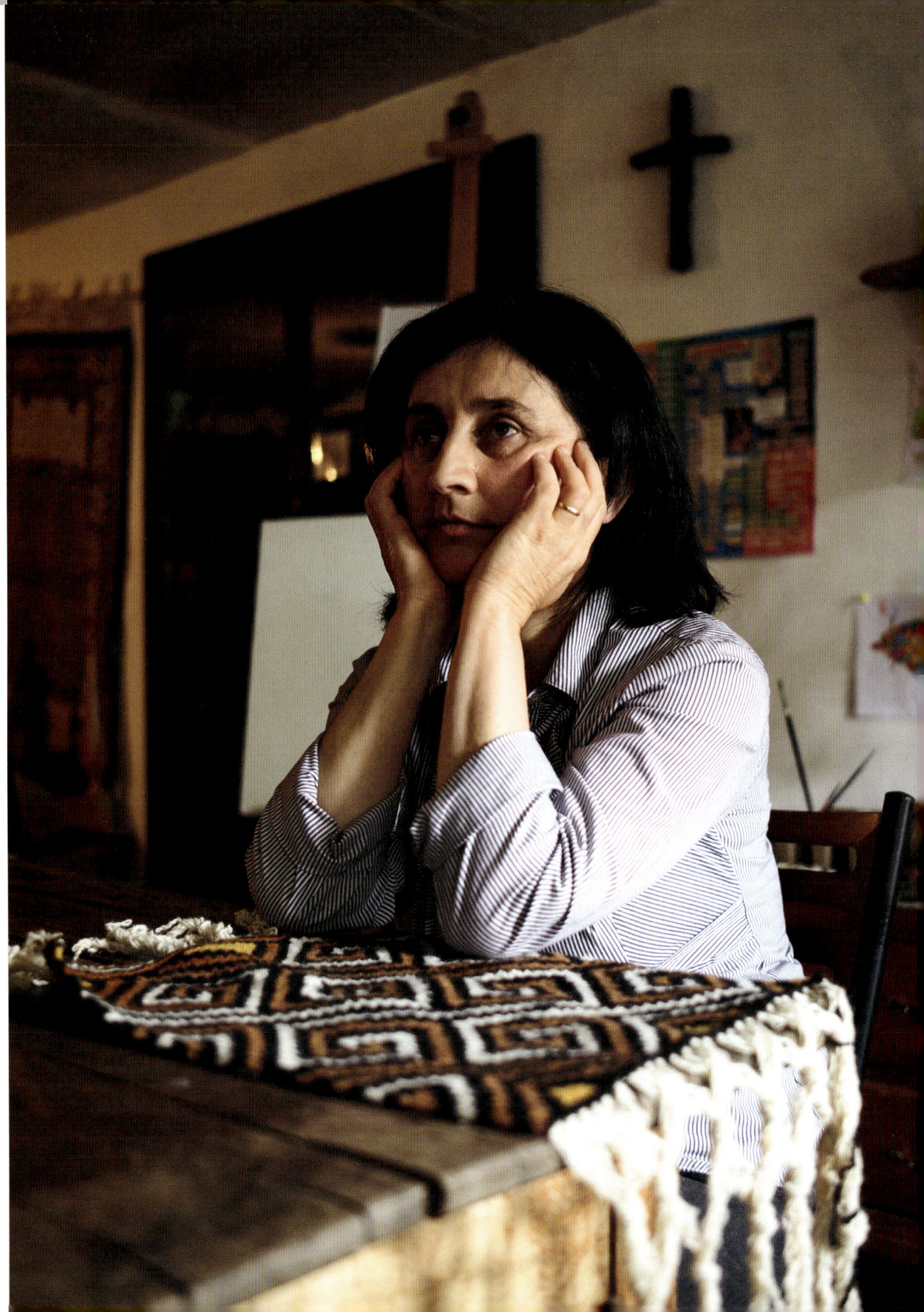

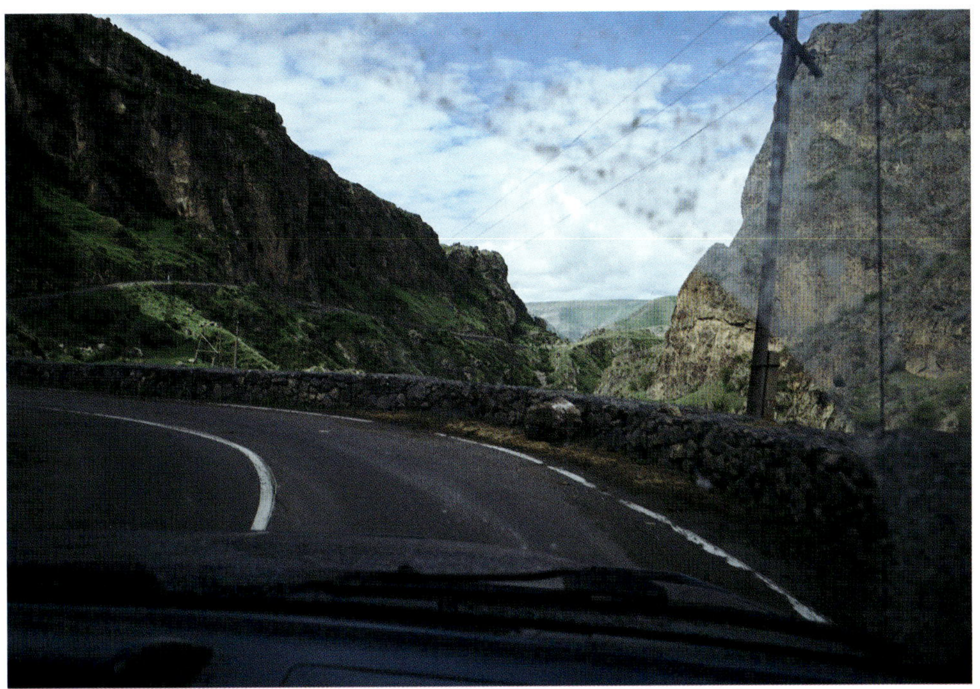

Eine passende Bildunterschrift würde lauten:
»Der Fotograf fuhr durch das hügelige Hinterland Georgiens, um die Teppichknüpferin Maia Kakhoidze in Zemo Alvani zu besuchen.«

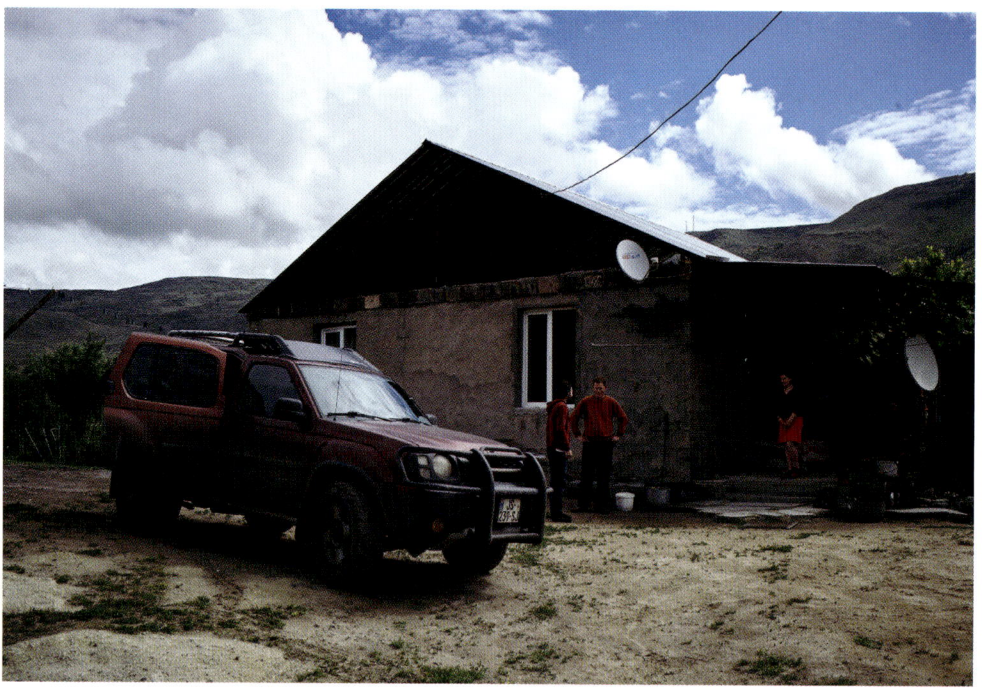

Aufbruch nach einem Homestay in der Nähe der Höhlenstadt Vardzia

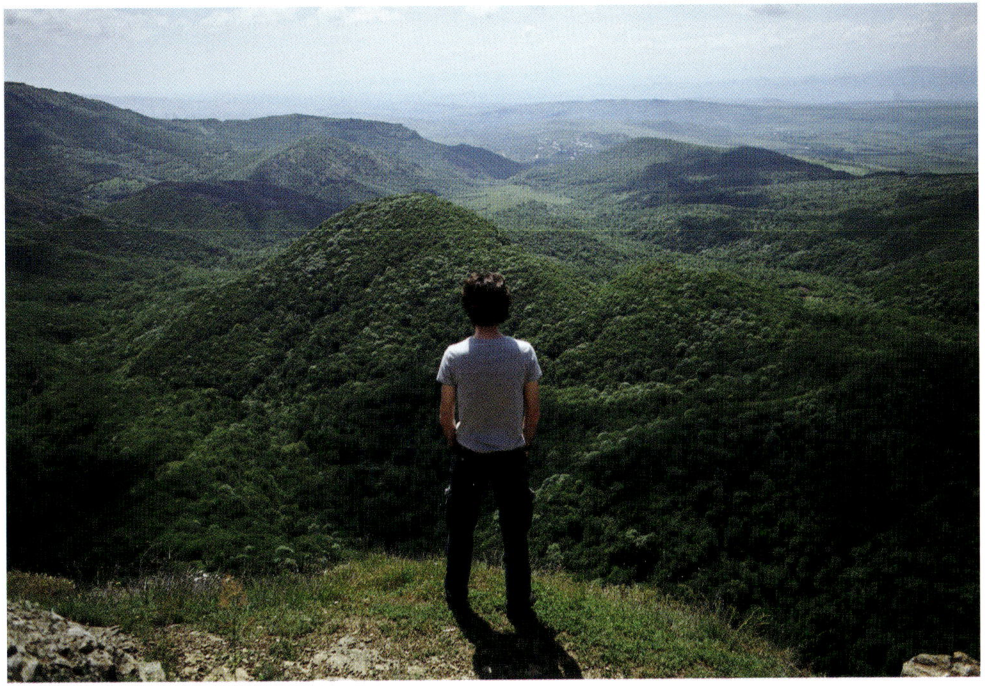

Ein Blick auf das unerschlossene Land, das vor uns liegt

Sammlungen

Fotografische Sammlungen sind in vielen Fällen Gegenüberstellungen von Ähnlichem, anhand dessen der Betrachter Vergleiche ziehen kann. Die direkte Gegenüberstellung von gleichen Dingen lenkt den Fokus auf die im Bild sichtbaren Unterschiede.

Sammlungen können sowohl inhaltlich als auch formalistisch getrieben sein. Im Beispiel von Bernd und Hilla Becher werden formale Kriterien festgelegt, die anschließend inhaltlich durchexerziert werden (in diesem Fall Kühltürme).

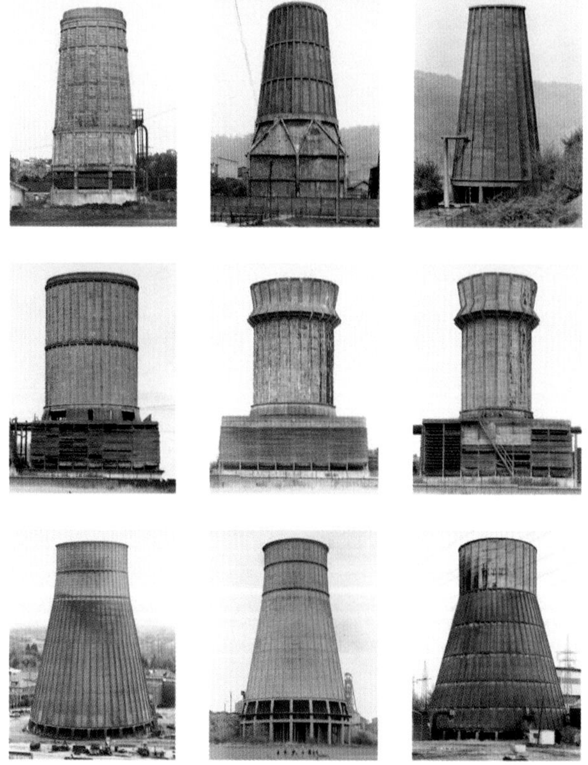

Bernd und Hilla Becher: Kühltürme, 1967 – 1991

Umgekehrt können fotografische Sammlungen sich auch inhaltlich festlegen, wie zum Beispiel bei August Sander, der die »Menschen des 20. Jahrhunderts« fotografierte (den Bäcker, den Maurer, den Postboten etc.).

Sammlungen eignen sich auf den ersten Blick gut, um wissenschaftlich zu sein, sind es jedoch nur in den wenigsten Fällen wirklich. Sie suggerieren Vollständigkeit und Objektivität, Eigenschaften, denen keine Fotografie gerecht werden kann, da immer ein Fotograf dahintersteckt und jedes Bild somit subjektiv ist. Lediglich Versuchsanordnungen könnten diesem Anspruch gerecht werden.

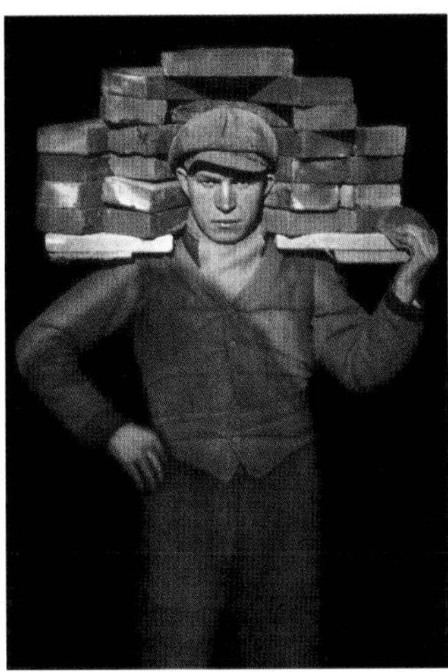

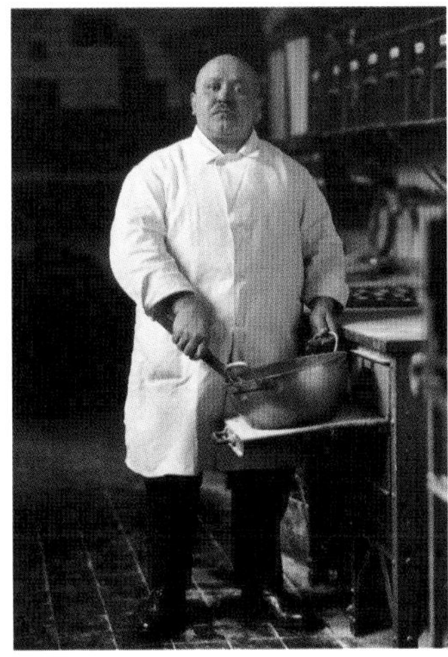

August Sander: Handlanger, 1928 (links), Konditor, 1928 (rechts)

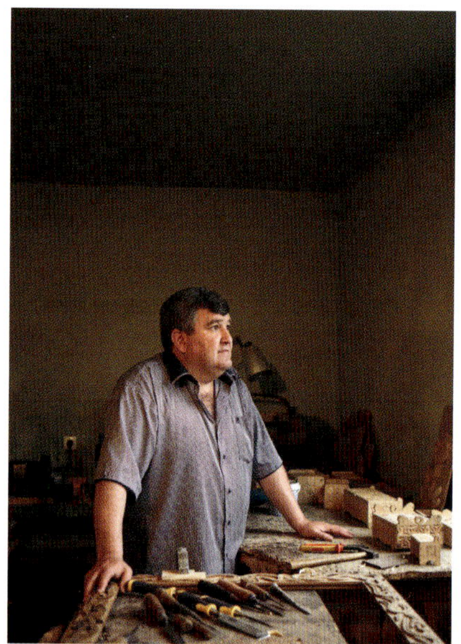

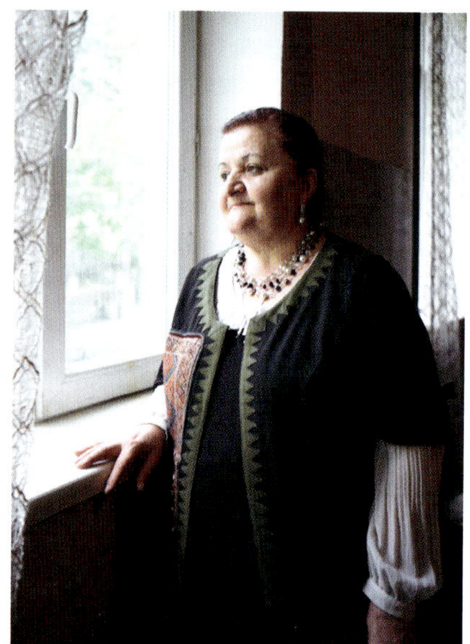

Lasswell-Formel – Porträtsammlung

Wer?
Der Fotograf

Was?
Menschen, die etwas erlebt haben und mit ihren Blicken eine Geschichte erzählen.

In welchem Kanal?
Buch/Sammlung

Zu wem?
Menschen, die an Menschen und deren Geschichten interessiert sind.

Mit welchem Effekt?
Vergleichbarkeit zwischen Menschen und Kulturen. Guck, so ist der und so ist der. Gleichzeitig dazu: Guck, so sind die und wir sind anders. Oder auch: So ist das bei denen.

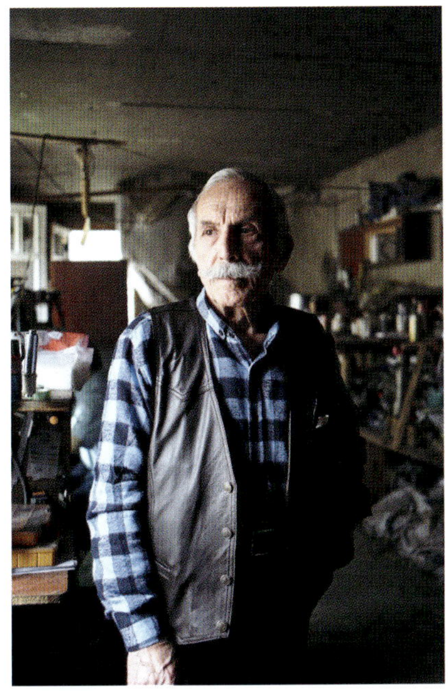

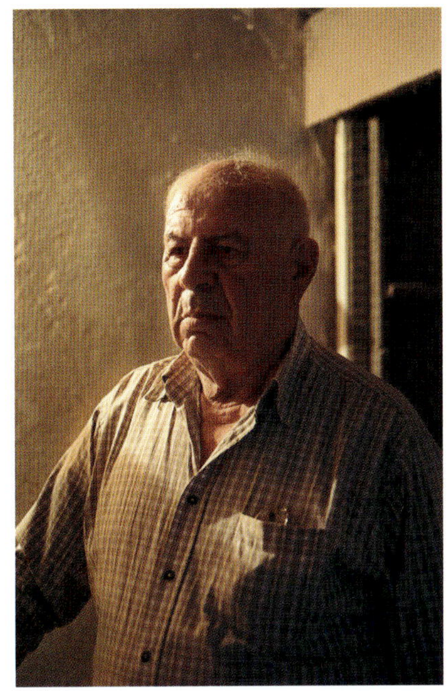

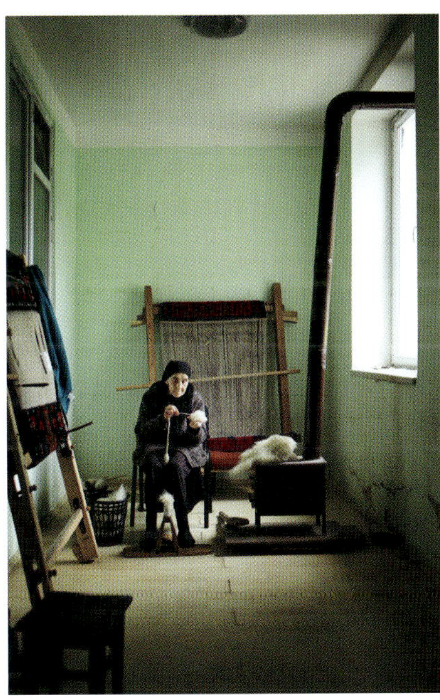

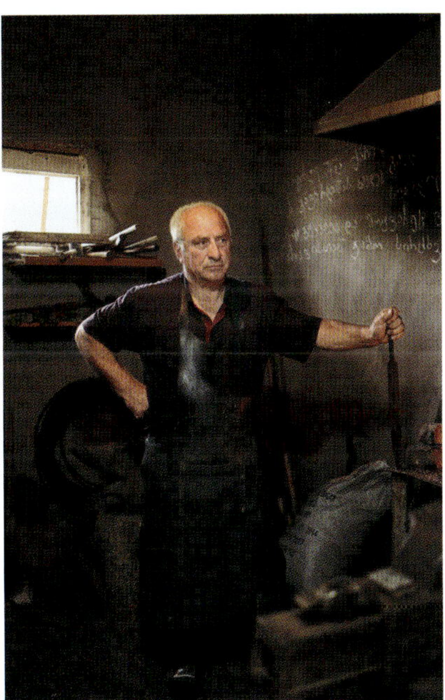

4. Prozessbilder – Menschen bei der Arbeit

In diesem Beispiel werden die Kunsthandwerker über sogenannte Prozessbilder charakterisiert. Die Aufnahmen zeigen den Akt der Entstehung eines Werkstücks. In der Werbung würde man diese Bilder despektierlich »Mensch-an-Maschine-Bilder« nennen. Das aktive Ausführen einer Handlung sagt viel über den Abgebildeten aus. Es zeigt ihn während eines natürlichen Vorgangs in gewohnter Umgebung. Diese Sammlung offenbart, ebenso wie die vorangegangene, einiges über die Persönlichkeit des Fotografierten, allerdings mit einer anderen Grundannahme: Während die Porträts offensichtlich inszeniert sind, könnten diese Fotografien alle zufällig entstanden sein, sie ermöglichen damit einen größeren Glaubwürdigkeitsfaktor. Gemeint ist der Eindruck: »So ist der Mensch«, im Vergleich zu »So gibt sich der Mensch«.

Lasswell-Formel – Sammlung Prozessbilder

Wer?
Der Fotograf

Was?
Wie Menschen in Georgien Kunsthandwerk produzieren

In welchem Kanal?
Buch – Sammlung

Zu wem?
Menschen, die an traditionellem Kunsthandwerk und deren Entstehung interessiert sind

Mit welchem Effekt?
Vergleichbarkeit zwischen Herstellungsmethoden unterschiedlicher Gewerke. Interessant ist auch der Vergleich: im Ausland und zu Hause. Dieser könnte lauten: »Guck mal, so machen die das, bei uns ist das so und so.«

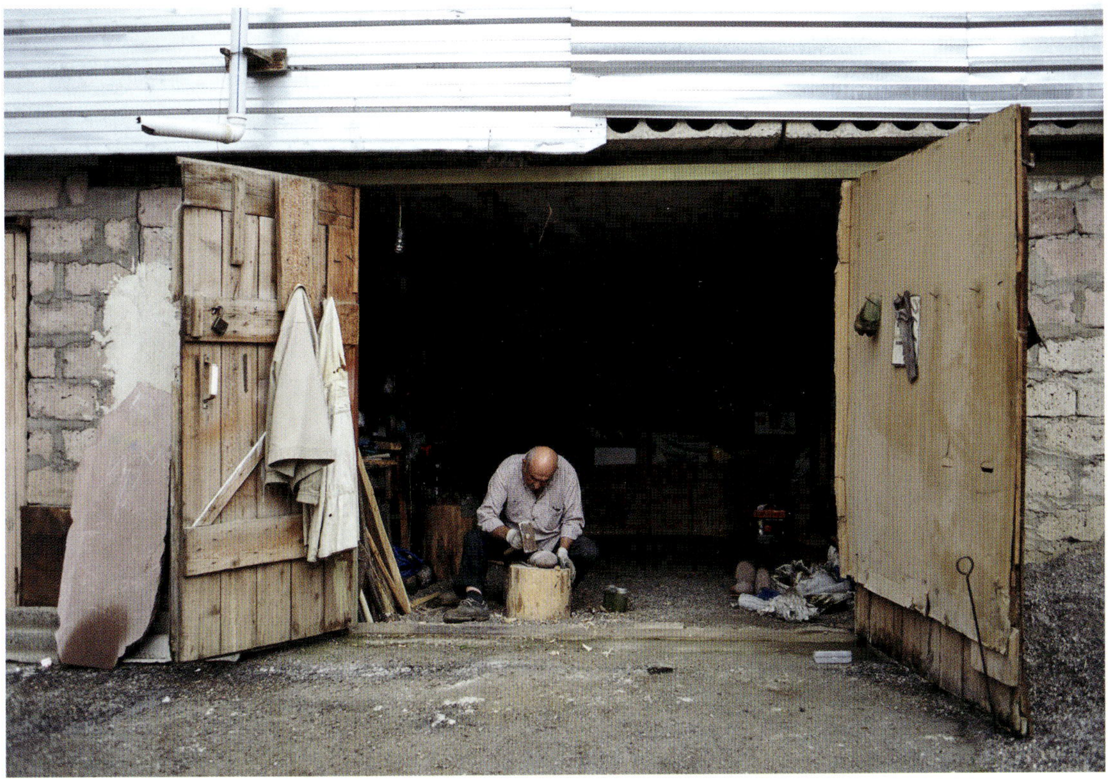

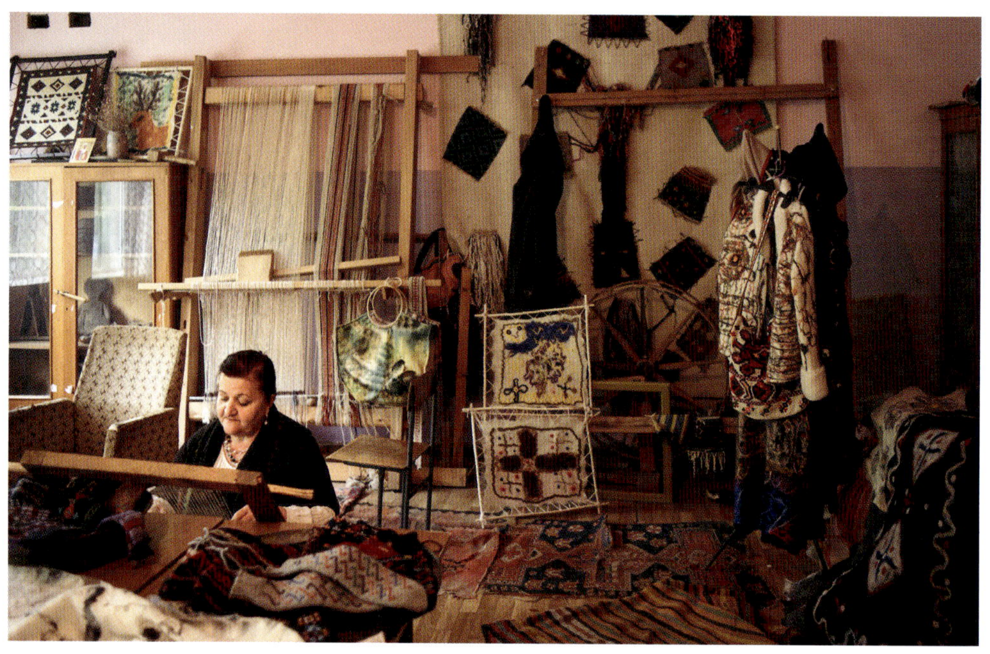

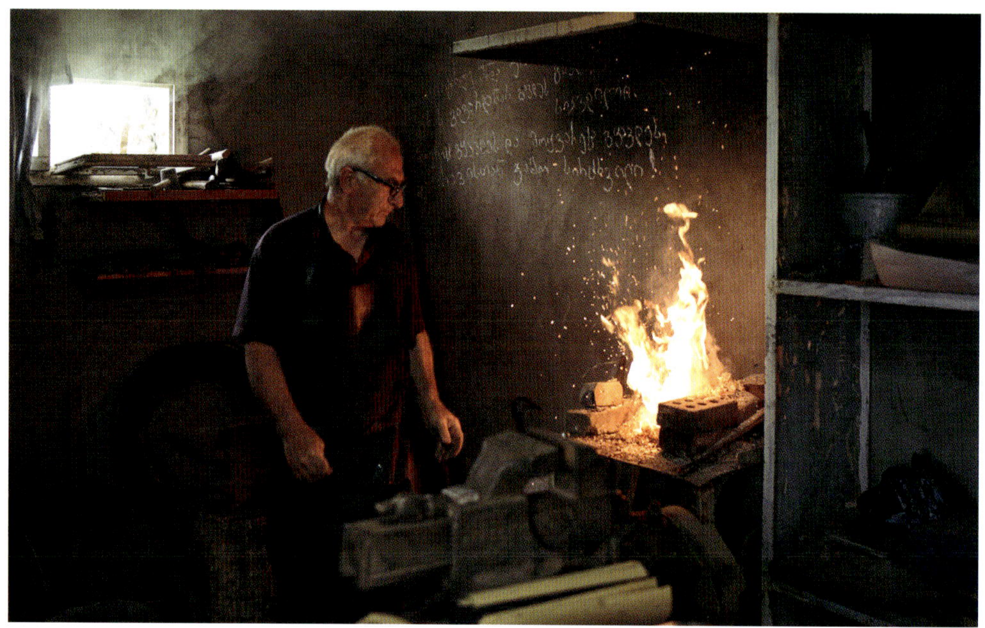

Viel mehr als die Charakterisierung der Person zeigen diese Bilder allerdings die Schaffensprozesse traditioneller Handwerkskunst. Der Fokus geht von der Person über auf die ausgeführte Handlung. Der Porträtierte ist nicht etwa der Mensch, sondern die Handlung.

Selbstverständlich gibt es mehr als vier Varianten, wie Geschichten erzählt und Sammlungen erstellt werden können. Tausende Variationen mit kleinsten Änderungen in der Darstellung sind möglich.

Vielmehr soll diese Aufzählung Folgendes verdeutlichen:

Die Frage nach der richtigen Bildauswahl wird bestimmt von der Frage »Was möchte ich eigentlich aussagen?« Die Lasswell-Formel unterstützt uns Fotografen dabei, den Überblick zu wahren über das, was wir wirklich aussagen wollen, anstatt nur nach den schönsten Bildern zu suchen.

Halten wir diese Frage immer präsent im Kopf, fällt es uns zunehmend leichter, gute und vor allem überzeugende Bildauswahlen zu treffen.

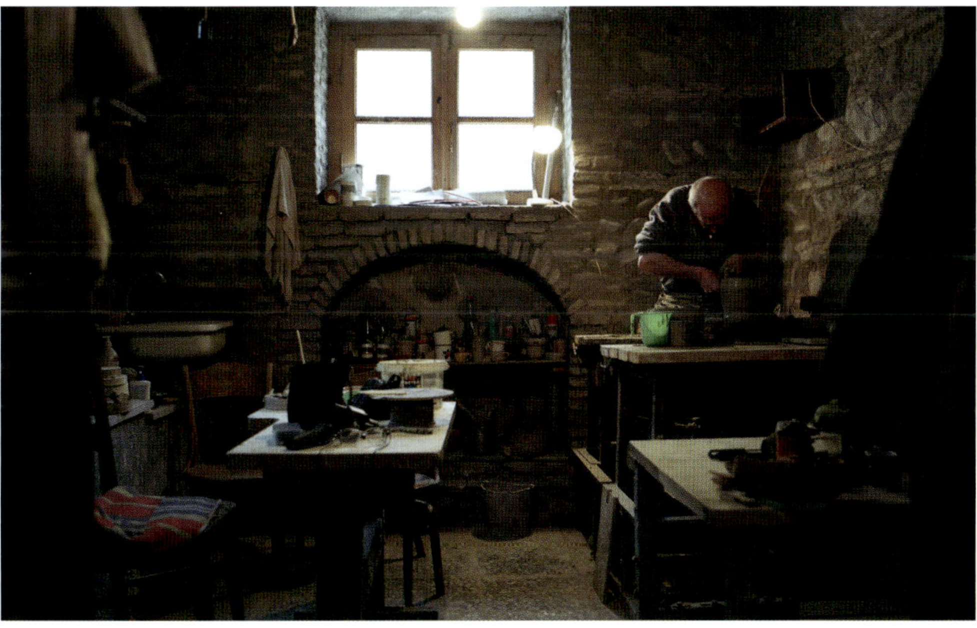

7.

ABBILDER & PROZESSBILDER VERSTEHEN

Wie lesen wir Bilder? Und warum gibt es in manchen Bildern Geschichten und in anderen nicht? In diesem Kapitel widmen wir uns dem tieferen Verständnis von Bildwirkung und lernen die Grundlagen für erfolgreiches Storytelling kennen.

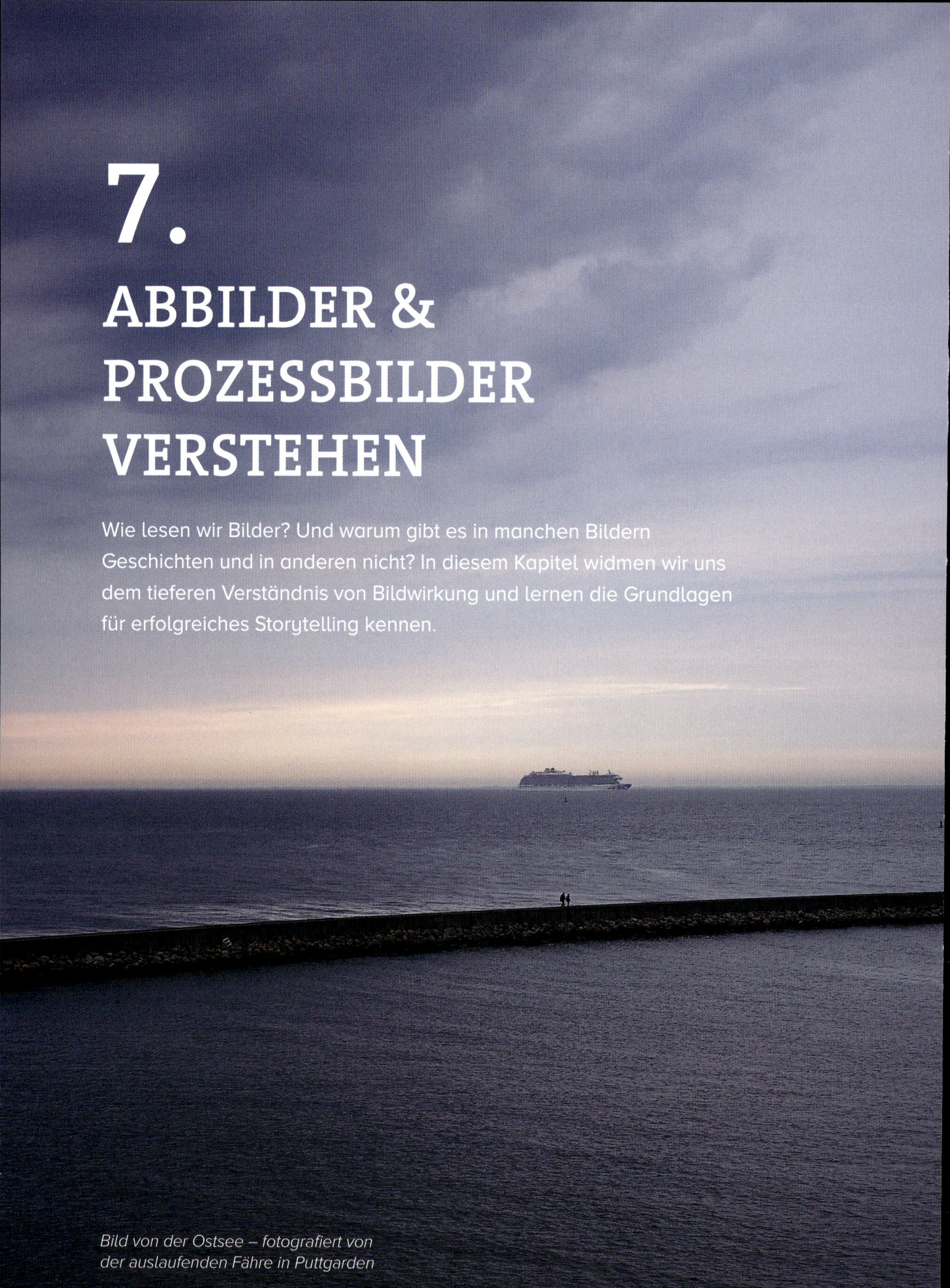

Bild von der Ostsee – fotografiert von der auslaufenden Fähre in Puttgarden

Wann wird aus einem Bild eine Geschichte?

Es gibt viele Modelle, wie man eine mitreißende Geschichte erzählt und welche Bestandteile diese haben müssen, um zu funktionieren. Diesen Punkten widmen wir uns im nächsten Kapitel. Zunächst müssen wir noch einen Schritt zurücktreten und verstehen, wie in Bildern überhaupt Geschichten entstehen.

Dazu hilft es, den Unterschied zwischen zwei grundlegenden Bildtypen zu verstehen:

Abbild

Das nebenstehende Bild ist ein Bild von einer Blume. Oder genauer gesagt, ein **Bild von etwas**. Ich bezeichne diese Art von Aufnahme als **Abbild**.

Schauen wir uns das Bild genauer an, erfahren wir nur, dass die Blume auf einem Feld mit anderen Blumen steht. Auf dieses Feld scheint die Sonne. Viel mehr ist dem Bild nicht zu entnehmen. Als Betrachter erfahren wir nicht, wo dieser Ort ist, warum er wichtig für uns ist oder warum der Fotograf dort gewesen ist. Aus diesem Bild entsteht keine Geschichte. Es bildet etwas ab, ist möglicherweise ein Stellvertreter oder Teil einer größeren Sammlung, vielleicht aber auch nicht. Was Abbilder allerdings können, ist Stimmung zu erzeugen. Die Blume weckt eine warme positive Stimmung.

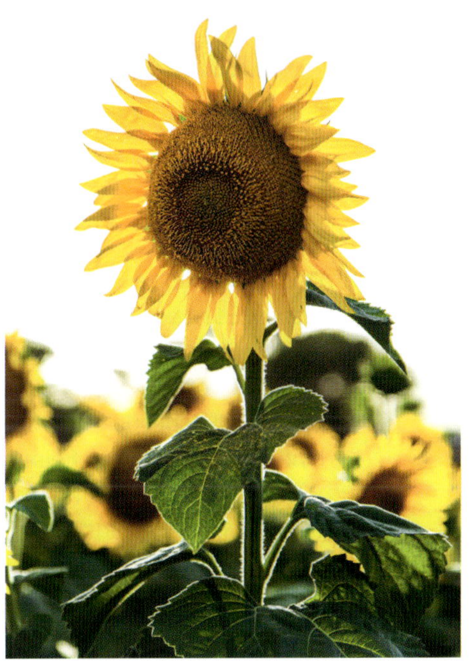

Abbild einer Sonnenblume

wie die im Bild, beim Betrachten von Uhren bekannt sind, hat unser Gehirn analysiert, dass es sich um eben diesen Moment handeln muss.

Die Geschichte liegt hier nicht **in** den jeweiligen Bildern, sondern **zwischen** den Aufnahmen. Während beim Einzelbild der Möglichkeitsraum primär vor und nach dem Bild liegt, finden wir diesen Raum bei einer Bildreihe eher dazwischen. Die Fotografien werden zu Ankerpunkten der Geschichte. Sie geben uns einen groben Rahmen, wie die Geschichte abläuft. Alles dazwischen denken wir uns als Betrachter selber aus.

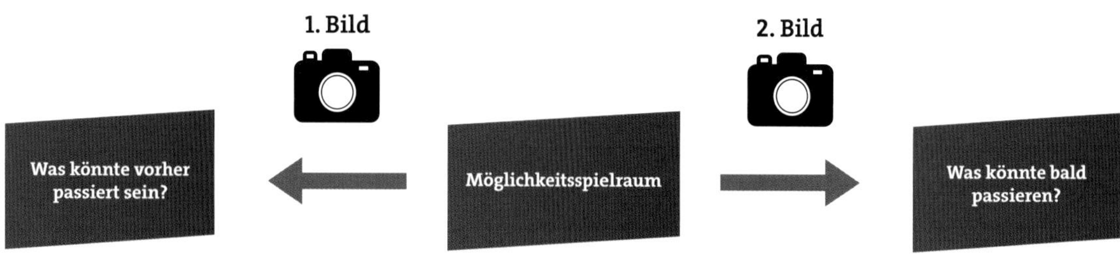

Wir gleichen das Abgebildete und unsere eigenen Erfahrungen ab. Unser Gehirn denkt: »Passt das zusammen, was ich sehe? Ja? Gut, dann weiß ich ja, was passiert ist!«

Dieses Phänomen nenne ich eine Bildkorrespondenz. Zwei Bilder stehen in einem Dialog miteinander und wir interpretieren dieses Gespräch. Passt etwas nicht, fragen wir uns, warum, und sondieren, wie es weitergehen könnte.

Entweder ist das Nicht-Verstehen so anregend, dass wir weitergucken wollen. Oder aber die abgebildeten Informationen sind so unklar für uns, dass wir uns abwenden. Im Unterbewusstsein nennen wir letztere Momente Langeweile oder Unverständnis. Wer kennt ihn nicht, den Moment, in dem man durch eine Galerie geht und mit sich selbst ausmacht: Ist das jetzt Kunst?

Beim Auswählen von Bildgeschichten müssen wir demnach darauf achten, dass wir die Bildabfolge für den Betrachter konstruierbar zusammenstellen. Der Betrachter muss in der Lage sein, die Leerstellen zwischen den Bildern mit seinen eigenen Ideen füllen zu können.

Idealweise kennen wir sein Repertoire und sind in der Lage, die Geschichte vorab verständlich zu formulieren.

Wie Abbilder und Prozessbilder zusammenwirken

Einzelne Prozessbilder treiben unser Gehirn dazu an, sich vorzustellen, was vor und nach der abgebildeten Situation passiert ist. Bei einem Abbild passiert genau dies nicht. Und dennoch ist es möglich, dass Abbilder in Bildgeschichten zentrale Rollen einnehmen. Wie ist das möglich?

Im abgebildeten Bildpaar wird mithilfe eines Prozessbilds eine Handlung in Gang gesetzt, der sich unsere Vorstellung hingeben kann. Zwei Leute unterhalten sich in einem Café. Das Abbild eines Kaffees kann in der Folge als Zusatzinformation zum ersten Bild verstanden werden. Einer der Männer trinkt offensichtlich einen Kaffee.

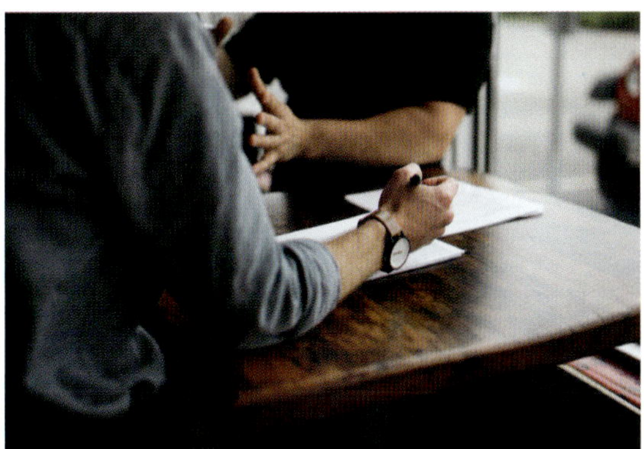

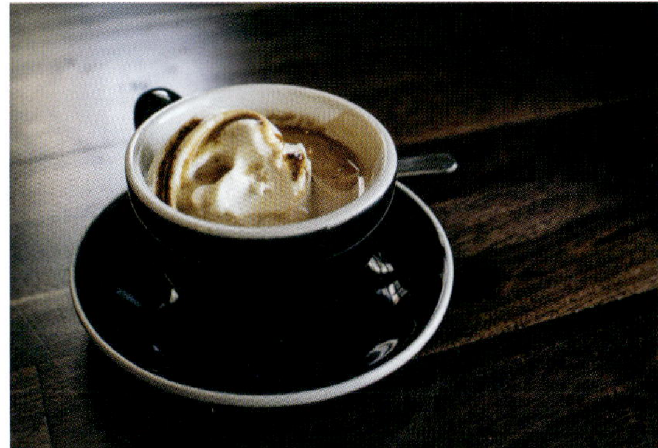

Prozessbild und Abbild wirken zusammen. Ohne einander würde jeweils ein wichtiger Teil der dargestellten Geschichte fehlen.

Halten wir testweise das Prozessbild zu, sehen wir einen Kaffee, losgelöst von einem Prozess. Wir erfahren nicht, warum wir das Bild sehen. Decken wir umgekehrt das Abbild zu, sehen wir das Gespräch der Männer, ohne dass die Assoziation Caféhaus entwickelt wird. Möchten wir die Geschichte »Männer im Caféhaus« zeigen, ist das zweite Bild unverzichtbar.

Abbilder sind also durchaus sinnvolle und wichtige Aufnahmen innerhalb von Bildserien. Es sind die Fotografien, die den Prozessen einen vertiefenden Kontext geben. Darüber hinaus helfen sie den Betrachtungsrhythmus zu bestimmen.

Betrachtungsrhythmus – Bilder wie Musik lesen

In der Musik nimmt eine lange Note nach mehreren Takten mit schnellen Sechzehntelnoten das Tempo aus einem Lied. So ähnlich verhält es sich auch in der Fotografie.

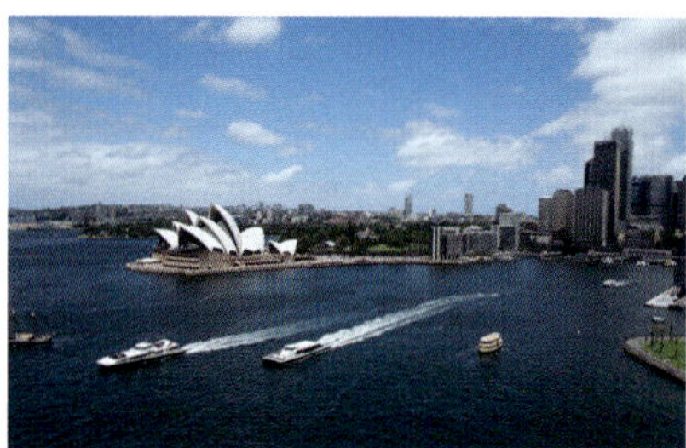

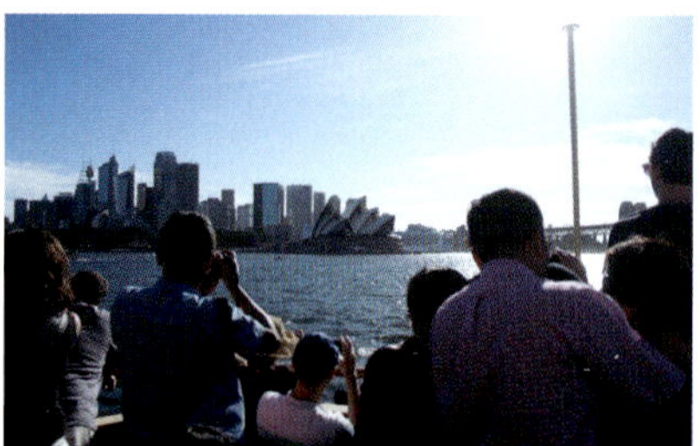

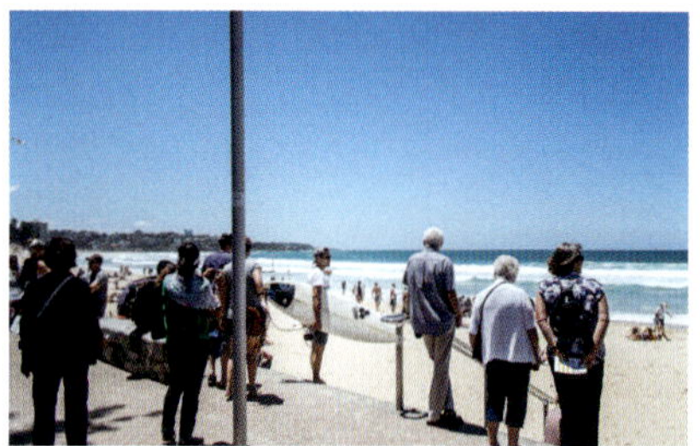

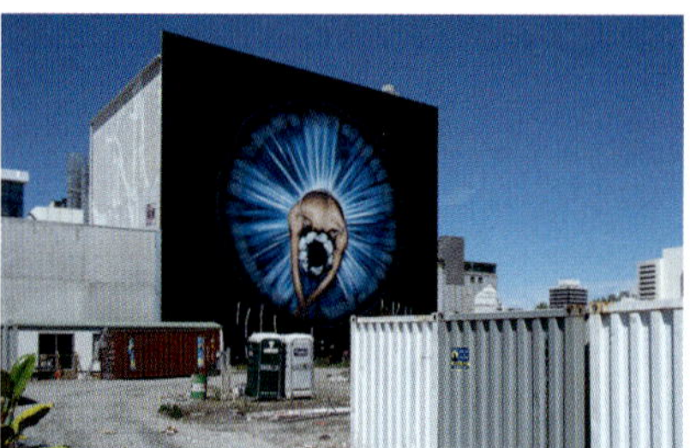

Während die ersten drei Aufnahmen als Prozessbilder die Handlung stetig vorantreiben, stoppt das letzte Bild die Handlung abrupt. Bei der letzten Aufnahme handelt es sich um ein Abbild. Während in den ersten drei Aufnahmen viel passiert und alle Bilder Prozesse darstellen, bringt die letzte Aufnahme die Reihe zum Stoppen.

Viele **Prozessbilder** hintereinander führen zu einem hastigen Rhythmus in der Betrachtung. Ein ruhiges Abbild kann diesen Rhythmus unterbrechen. Das Tempo einer Bildserie kann also gezielt von Prozess- und Abbildern gesteuert werden.

Während jedoch in der Musik die stete Wiederholung eines Musters üblich ist, hilft es bei Bildserien, Variationen zu erstellen.

Ein striktes Muster wie etwa **»Prozess – Prozess – Detail – Prozess – Prozess – Detail«** kann zwar funktionieren, drängt sich jedoch möglicherweise als eigenes Gestaltungsmittel so weit in den Vordergrund, dass es als störend wahrgenommen wird.

Zusammenfassung

Bevor wir nun voranschreiten und uns intensiv mit der Kunst des Geschichtenerzählens auseinandersetzen, fassen wir hier noch einmal zusammen:

- Einzelne Bilder können Geschichten erzählen, wenn sie einen Prozess darstellen.
- Je mehr Attribute neben dem Prozess dargestellt werden, desto mehr Möglichkeiten habe ich, den Prozess gedanklich mit einer Geschichte anzureichern.
- Eine Geschichte entsteht im Kopf des Betrachters, nicht in der Fotografie. Jedes Bild wird von unterschiedlichen Betrachtern anders gelesen.
- Ein Prozessbild zeigt einen kleinen Ausschnitt einer Handlung. Der Betrachter denkt diesen Sekundenbruchteil weiter und erfindet damit seine eigene Geschichte.
- Ein Abbild zeigt ein Bild von etwas, erzählt allerdings keine Geschichte ohne passenden Kontext.
- Stehen zwei Bilder in unmittelbarer Nähe zueinander, korrespondieren sie miteinander.
- Die Aufnahmen werden zu den Eckpunkten einer möglichen Geschichte, die sich der Betrachter zusammenreimt.
- Die Geschichte der Bildreihe liegt zwischen den Bildern, die Bilder agieren wie Leitplanken.

8.

GESCHICHTEN ERZÄHLEN

Eine gute Bildauswahl erzählt eine Geschichte.

Im vergangenen Kapitel haben wir gelernt, wie Geschichten in Bilder hineinkommen und dass die entstehenden Geschichten vom jeweiligen Betrachter abhängen. In diesem Kapitel lernen wir, was eine gute Geschichte ist und wie man sie über mehrere Bilder hinweg erzählt.

Dieses Kapitel ist an vielen Stellen universell lesbar, sei es für einen Film, ein Buch oder eine fotografische Geschichte.

Warum Geschichten wirkungsvoll sind

Seit Tausenden von Jahren erzählen sich unsere Vorfahren von ihren Erlebnissen und denen anderer. Heute mag es vielmals aus reinem Selbstzweck geschehen, der Unterhaltung. Je weiter wir jedoch in der Menschheitsgeschichte zurückgehen, desto mehr stand der Nutzen im Vordergrund.

Betrachten wir diesen Aspekt etwas genauer, offenbart sich, warum das Hollywood-Kino heute so funktioniert, wie es funktioniert:

Geschichten in der Steinzeit

Welche Informationen waren für den Steinzeitmenschen am Abend beim Lagerfeuer am wichtigsten? Das Wissen, wie einer seiner Kameraden das Treffen mit dem Mammut überlebt hat. Die Erzählung des Jägers, der zuerst nicht wusste, ob er das Mammut jagen oder lieber fliehen sollte. Wie er nach seinem Beschluss, es zu töten, um seine Beute herumlief, ohne dass das Tier ihn sah. Wie er sich hinlegte und langsam durch das Gebüsch robbte, um sein Ziel besser zu sehen. Wie er dann seinen Speer nahm und mit welcher Technik er diesen direkt in das Auge des Mammuts beförderte.

So richtig interessant wurde es für den Steinzeitmenschen allerdings erst, als sein Freund berichtete, wie sich das Mammut wütend herumriss und auf seinen Jäger zu rannte. Wie das Tier den Schmerz überwand und seine Vorderbeine anhob, um diese wie fliegende Baumstämme auf den Jäger herabsausen zu lassen.

Obwohl wir wissen, dass der Jäger den Kampf überlebt hat, er würde die Geschichte sonst wohl nicht erzählen, möchten wir hören, wie es weitergeht. Und das liegt am Dopaminausstoß unseres Körpers. Wenn wir spannende

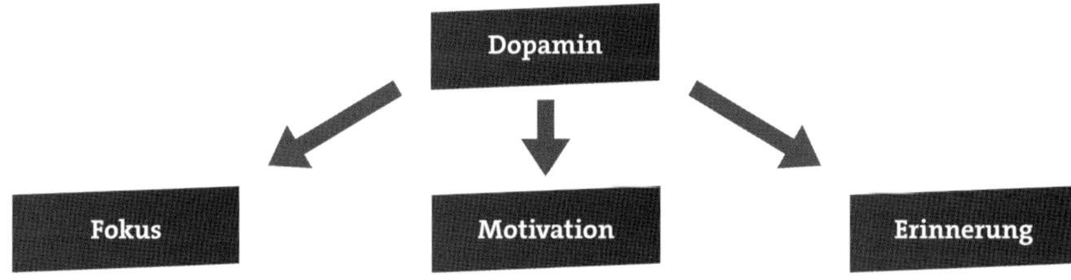

Geschichten hören, wird dieser Botenstoff im Körper ausgestoßen. Im Kern hat das für uns drei Folgen: Wir können uns besser fokussieren, wir haben eine erhöhte Motivation und wir können uns besser an die »erlebte« bzw. gehörte Situation erinnern. Wir fühlen uns hineinversetzt in den Moment und können ihn besonders gut fühlen oder – besser – ihn nachvollziehen, um ebenso zu handeln, sollten wir selbst einmal in einer solchen Situation stecken.

Wer glaubte nicht schon einmal nach einem Jackie-Chan-Film, dass er selbst ein Profi in Kung Fu sein könne, oder nach einem James-Bond-Film, dass er ein erfolgreicher Agent wäre. Jedes Mal, wenn ich das Kino nach einem neuen Bond verlasse, schaue ich aufmerksamer in den Rückspiegel, auf der Suche nach Verfolgern.

Veit Etzold, erfolgreicher Autor und Dozent für Storytelling an renommierten Universitäten wie der Universität St. Gallen, formuliert es folgendermaßen:

»Der Weg zur Hand geht am schnellsten über das Herz und nicht über den Verstand.«

Zahlen, Daten und Fakten müssen wir erst interpretieren, um sie zu verstehen. Diese Analyse benötige Zeit, um zu einer abschließenden Bewertung und folglich einer Handlung zu führen. Erzählen wir hingegen eine emotionale Geschichte, führe diese zu einer direkten Reaktion, die emotional getriggert ist und damit wirkungsvoller sei als jede faktenbasierte Auflistung des gleichen Sachverhalts.

Um diesem Argument Wirkung zu verleihen, könnten wir die obige Geschichte einmal in gutes Wissenschaftsdeutsch übersetzen:

Als die Sonne exakt 34,5 Minuten vollflächig über dem Horizont stand, befand sich das 3,56 m hohe und 1,95 m breite Tier, welches grob geschätzt 2.594 kg wog, auf einer Lichtung mit dem doppelten Durchmesser der Grundfläche des Tiers. Auf 275 Grad von der Blickrichtung des Tiers stand ein Busch mit einem Umfang von 1/8 der Gesamtgröße der Lichtung, der ausreichte, um mich bei einem Geräuschpegel, der unterhalb des vorherrschenden Pegels von 25 Dezibel, verursacht durch aufkommenden Wind in West-Südwest-Richtung, lag, dem Tier auf 1/3 der Entfernung im Vergleich zum Moment der Entdeckung zu nähern. Ich veränderte meine Position innerhalb der Möglichkeiten, die mir der Busch ermöglichte, vom Südende zum Nordende des Busches und befand mich nun auf 320 Grad Position im Verhältnis zum Kopf des Tieres. Mit einer Kraft von 300 Nm bei einem Winkel von –25 Grad im Verhältnis zum Horizont, ließ ich den Speer in Richtung des Auges kinetische Energie aufnehmen.

Welcher dieser Ausführungen können wir besser folgen? Zweifelsohne ist letztere genauer. Für den Steinzeitmenschen reichte es allerdings zu wissen, dass sich sein Kamerad von hinten genähert hat und sich im Busch verstecken konnte.

Dieser Argumentation folgend erklärt sich auch, warum wir Happy Ends lieben: Ein glückliches Ende bedeutet, dass der Jäger überlebt hat. Sprich, dass wir etwas von ihm lernen konnten, um selbst zu überleben. Das Happy End ist also mehr als ein beruhigender Trick, damit wir nach dem Kino besser schlafen. Es war eine das Überleben sichernde Maßnahme, besonders den Ausführungen mit Happy End zu lauschen.

oder wenige der Bilder entscheiden. Und zwar für die Bilder, die die höchste Spannung erzeugen und gleichzeitig genügend Raum lassen für das Füllen mit eigenen Handlungsoptionen (in der Regel sind das Prozessbilder).

Betrachter empfinden Spannung, wenn sie die Momente zwischen den Bildern selbst mit möglichen Szenarien füllen können. Wie im vorangegangenen Kapitel gelernt, zeigen Bilder die Zeitpunkte zwischen den Handlungen bzw. deren Auftakte und Resultate, während ein Film diese exemplifiziert.

Ist es nicht am spannendsten, wenn wir das Bild des Mörders sehen, der mit der Pistole in der Hand fertig zum Abdrücken steht, und im nächsten Bild der Ermordete erscheint? Das gibt dem Betrachter die Möglichkeit, die Geschichte so auszumalen, wie er möchte. Ob die beiden Akteure sich noch unterhalten haben, es zu einem schnellen Schuss kam oder ob eine unerträglich lange Wartezeit bis zum Abschuss der Waffe verging.

Die Fotografie fungiert also nur dazu, die Grundpfeiler der Geschichte zeitlich und räumlich festzuhalten. Sie wirkt wie das grobe Storyboard eines Films. Anstatt die Zeit zwischen den Aufnahmen auszuformulieren, geben wir dem Betrachter die Chance, das selbst zu tun.

Wir entscheiden also, was passiert.
Wie es passiert, entscheidet der Betrachter.

Dieser Unterschied zwischen Film und Fotografie ist in Bezug auf das Storytelling maßgeblich. Während der Film Betrachter an die Hand nimmt, lässt die Fotografie dem Geschehen freien Lauf, mit Bildern als Leitplanken.

Im Beispiel auf der nächsten Seite bleibt unklar, ob die Frau, die im ersten Bild eine Waffe in der Hand hält, selbst tötet oder zum Opfer wird. Die zweite Aufnahme gibt Hinweise dazu, überlässt die Entscheidung allerdings dem Betrachter.

An dieser Stelle ignoriere ich den Schnitt im Film, der selbstverständlich ebenso Handlungslöcher erzeugen kann. Es geht mir primär um das Verständnis, wie unterschiedlich Film und Foto grundsätzlich funktionieren.

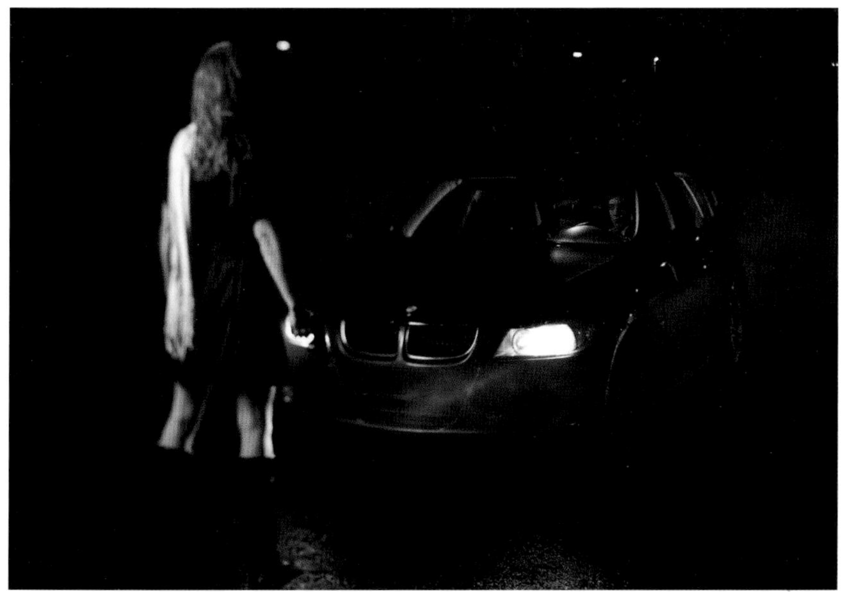

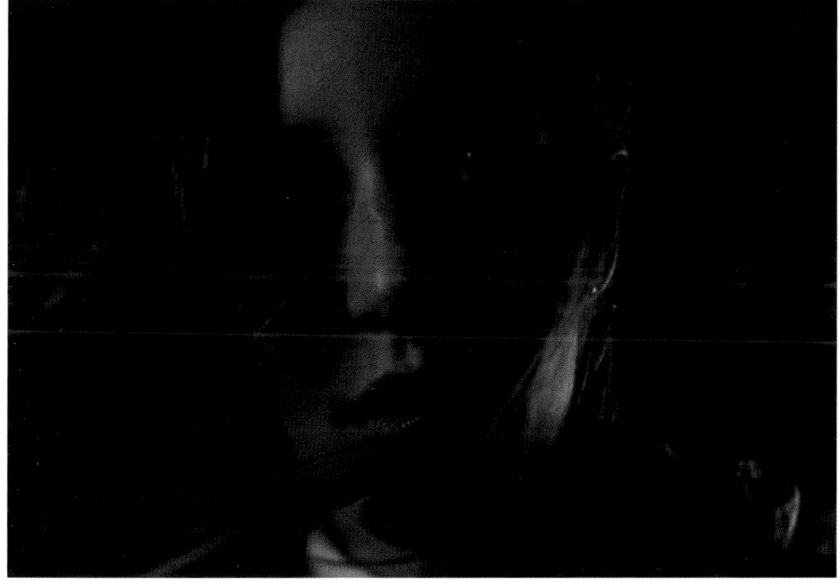

Es bleibt unklar, was mit der Frau im zweiten Bild passiert ist. Ist sie getötet worden oder im Rausch und tötet selbst?

Sprache

Die Sprache einer Geschichte ist in etwa gleichzusetzen mit der formalen Gestaltung eines Bilds. Sie definiert, wie die Stimmung sein wird, und unterstützt verklausuliert auch die Bedeutung. Es ist wichtig, die richtige Sprache zu treffen, da eine Geschichte sonst möglicherweise nicht glaubhaft wirkt. Eine werbliche, aufgeräumte, weiße Atmosphäre mit stetem Gegenlicht wirkt nicht wirklich überzeugend, möchte ich die obige Mord-Geschichte erzählen.

Wie bereits an einigen Stellen in diesem Buch beschrieben, ist die Bildsprache bzw. die formale Gestaltung immer nur ein Vehikel, um den Inhalt bzw. die Bedeutung eines Bilds zu unterstützen.

Bedeutung

Die Bedeutung ist mit Sicherheit der am schwierigsten zu fassende Part einer Geschichte. Sie versteckt sich immer hinter den Charakteren und der Handlung, ist maßgeblich für die Sprache, die der Autor verwendet, und liegt doch im Verborgenen.

In der Kunst spricht man häufig vom fehlenden Zugang, wenn man ein Kunstwerk nicht versteht. In Geschichten ist das etwas anders. Wir können die Handlung einer Geschichte in beinahe allen Fällen verstehen und sogar nachvollziehen. Das heißt allerdings nicht, dass wir auch ihre Bedeutung verstanden haben.

Die Geschichte von Hänsel und Gretel ist einfach. Zwei Kinder verirren sich im Wald, nachdem die Eltern sie auf Initiative der Stiefmutter dort ausgesetzt haben. Die Eltern hatten nicht genug Essen und die einzige Lösung, das eigene Überleben zu sichern, ist der Tod der Kinder. Diese finden zu einem Pfefferkuchenhaus, an dem sie sich bedienen und satt essen. Die Bewohnerin des Hauses, eine Hexe, steckt Hänsel in einen Käfig, weil sie ihn gerne essen möchte und nutzt Gretel als Magd. Beide entkommen, als die Hexe das Feuer anfacht, um Hänsel zu braten, und Gretel die Hexe in das Feuer stößt. Die Kinder finden nach Hause und sind glücklich vereint mit dem Vater, da die böse Stiefmutter verstorben ist.

Was ist hier die Bedeutung? In Märchen ist die Bedeutung immer die Moral. Doch wie könnte diese im Fall von Hänsel und Gretel lauten? Esst nicht so viel Süßes, sonst bekommt ihr Probleme? Bis heute wird darüber heiß diskutiert. Kindsmord, Kannibalismus, Tod. Drei Motive, die in der Zeit der Entstehung des Märchens, dem 30-jährigen Krieg, an der Tagesordnung waren. Nach Expertenmeinung sollte die Geschichte den Menschen der Zeit den Spiegel vorhalten, um zu zeigen, wie weit es um die Gesellschaft gekommen war. Vielleicht können wir als aufgeklärte Bürger des 21. Jahrhunderts ohne Nahrungsmittelnot überhaupt keine zwingende Moral sehen. Und doch berührt uns die Geschichte, da sie vom Guten und vom Bösen und der Überwindung dessen berichtet.

Für Kinder ist die Geschichte bis heute berührend. Sie sehen die starken Kinder, die es schaffen, die schlimmsten Befürchtungen, das Verlassenwerden von den Eltern, zu überwinden und zurück in ein glückliches Leben zu finden.

Bedeutung ist also schwierig zu fassen, sicher ist nur, es gibt eine, denn sonst wäre die Geschichte nie geschrieben worden.

Die Bedeutung eines einzelnen Bilds

Betrachten wir einzelne Bilder, verändert sich das Verhältnis von Bedeutung und Handlung. Während bei langen Geschichten die Handlung im Vordergrund steht, liegt der Fokus beim Einzelbild auf der Bedeutung.

Nur selten stellen wir uns die Frage »Was sehe ich da?«. Die Frage »Was wollte der Fotograf uns damit sagen?« kennen wir alle und ist ein klares Indiz für die Änderung dieses Verhältnisses.

Im Unterschied zur langen Geschichte, in der andauernd etwas Neues passiert, sind Fotografien einfach zu lesen. Beim ersten Blick verstehen wir in der Regel, was passiert. Wir müssen keine Zusammenhänge kennen, um das, was abgebildet ist, zu erkennen. Erst für die Folgefragen »Warum sehe ich das jetzt gerade?« und »Was soll es bedeuten?« benötigen wir Zusatzinformationen oder die Fähigkeit zu interpretieren.

Ein Bild, das über einen klar definierbaren Charakter und eine nachvollziehbare Handlung mit passender Bildsprache verfügt, hat große Chancen, auch verstanden zu werden, d.h. dass die Bedeutung offenbar wird. Möchten wir also eine Geschichte in einem Bild erzählen, sollten wir jeden dieser

Aspekte im Hinterkopf haben. Oder vom anderen Ende her gedacht: Suchen wir im Rahmen eines Auswahlprozesses ein Bild, um einen bestimmten Inhalt zu vermitteln, hilft es, diese vier Punkte (Charakter, Handlung, Sprache und Bedeutung) im Bild zu suchen.

Im folgenden Bildbeispiel war ich auf der Suche nach einem Sporttrainer bei seiner Arbeit.

Charakter: Trainer
Handlung: Beim Trainieren der Sportler
Sprache: Passend zum aktionsreichen Sport
Bedeutung: Trainer sein ist ein emotionaler Job

Die folgenden Bilder standen zur Auswahl, unabhängig von der Sportart.

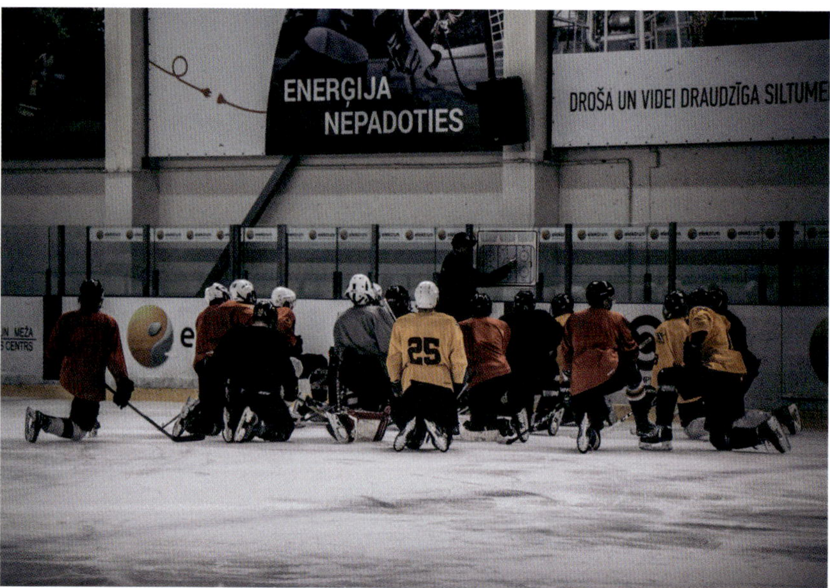

Der Trainer ist hier sichtbar, jedoch erst auf den zweiten Blick. Der Fokus liegt auf den farbigen Jerseys der Eishockeyspieler. D. h. der Charakter, um den es im Bild geht, ist nicht eindeutig definiert. Die Handlung würde eher »Spieler hören zu« lauten als »Trainer erklärt etwas«. Der Fokus liegt auch hier eher bei den Spielern. Die Sprache ist wenig emotional, dem energiereichen Eishockey nicht angemessen.

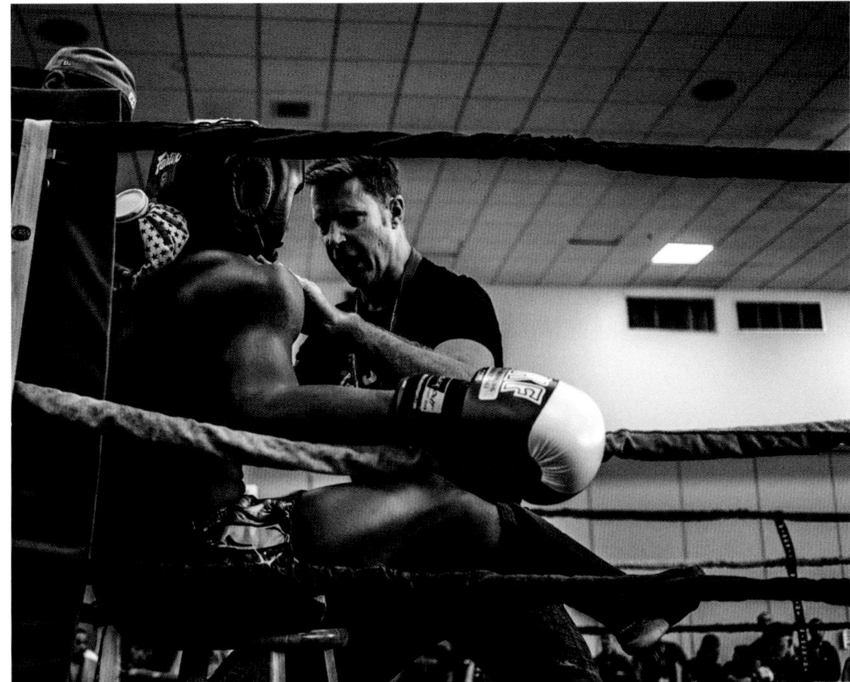

Hier steht der Trainer eindeutig im Fokus. Er ist aktiv, voll dabei und klar agierend. Sowohl der Charakter, als auch seine Handlung sind definiert. Die schwarz-weiße Ästhetik unterstützt den harten Ausdruck des Trainers. Die Bedeutung »Trainer sein ist ein emotionaler Job« wird deutlich.

Mit dem richtigen Slogan und dem Vereinslogo eine gute Variante, um auf Trainersuche zu gehen.

Zur Erläuterung hier noch die zuvor erwähnte Laswell-Formel

Wer?
Sportverein

Was?
Trainerjob ist super, emotional, verbindend

Kanal?
Internet

Wem?
Ehemalige Sportler der jeweiligen Vereinssportarten

Effekt?
Trainer-Recruitment

Inhalt, Handlung und Bedeutung
Zu Beginn des Buchs unterteilen wir Bilder in eine inhaltliche und eine formale Ebene. Nun können wir noch präziser differenzieren. Das, was wir zu Beginn als Inhalt verstanden haben, ist die Kombination aus Handlung und Bedeutung, also all dem, was wir in einem Bild wiedererkennen und interpretieren können. Unter Fotografen wird durchaus darum gestritten, ob man grundsätzlich von zwei oder drei Ebenen ausgehen soll. Diese Diskussion soll uns hier aber nicht beschäftigen. Wichtig ist nur, dass wir den Unterschied zwischen Inhalt und Handlung und Bedeutung jeweils verstehen und einzuordnen wissen.

Die Reise des Helden

Bisher haben wir darüber gesprochen, wie Menschen Geschichten in oder zwischen Bildern finden und welche Bestandteile Geschichten haben müssen, um spannend und interessant zu sein.

Die Reise des Helden ist ein Modell, das erklärt, wie gute Geschichten aufgebaut sind. Sie zeigt, in welcher Reihenfolge Inhalte präsentiert werden sollten, um dem Betrachter die bestmögliche Geschichte zu bieten.

Joseph Campbell hat das Konzept der Heldenreise 1949 erstmals in seinem Buch »Der Heros in tausend Gestalten« zusammenfassend analysiert. Alle Geschichten der Religion, Mythologie und Sagen basieren demnach auf der gleichen Basis, einer gemeinsamen Erzählstruktur.

Christopher Vogler, Berater und Drehbuchautor in Hollywood, erarbeitete aus diesem Ansatz ein Modell, das er 1992 erstmals unter dem Titel »Die Odyssee der Drehbuchschreiber« veröffentlich hat. Eine absolute Pflichtlektüre für alle Geschichtenerzähler.

Vogler beschreibt die Reise wie folgt:

»Die Reise des Helden ist keine Erfindung, sondern eine Wahrnehmung. Es handelt sich um das Erkennen eines wunderschönen Entwurfs, einer Reihe grundlegender Prinzipien, die für das Leben und die Welt des Geschichtenerzählens ebenso gültig sind wie die Gesetze der Chemie und der Physik für die physische Welt.«

So übersichtlich Vogler das Buch für Drehbuchautoren und Schreiber erstellt hat, so müssen wir Fotografen immer noch einen Schritt weiterdenken, da wir dem Betrachter nur die Banden vorgeben, in denen er sich selbst seine Geschichte zusammenreimt.

Das Modell nach Vogler

Im Modell wird jede Geschichte in drei Akte gegliedert. Der erste Akt dient der Verortung und des Aufbruchs. Im zweiten Akt besteht der Held erste Prüfungen in der unbekannten Welt und lernt mit den Gefahren dort umzugehen. In der Mitte des zweiten Akts befindet sich der zentrale Wendepunkt der Geschichte, der absolute Höhepunkt. Von dort aus besteht der Held weitere Prüfungen, ehe der dritte und letzte Akt die Geschichte zu einem Ende bringt. Dort finden wir die finale Auseinandersetzung mit anschließender Belohnung oder dem Tod des Helden. Alle losen Enden kommen zusammen.

Die folgende Grafik zeigt eine detaillierte Übersicht der Heldenreise. Anhand dieser Grafik erläutere ich noch einmal ausführlich, wie die Reise abläuft und wie wir Fotografen sie für unsere Zwecke nutzen können.

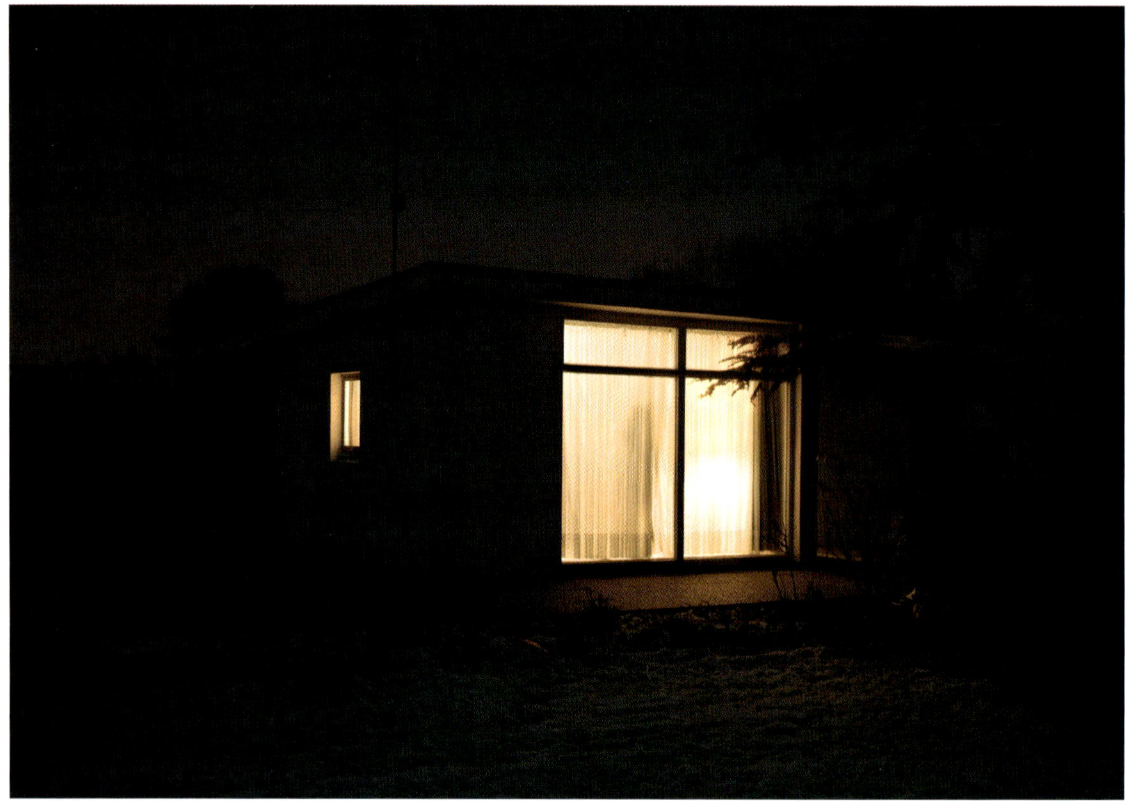

Kleeblatt 17 – von André Hemstedt & Tine Reimer
Aufmacherschuss und zweite Aufnahme zur Festigung der Grundstimmung, Einführung des Protagonisten und des vorliegenden Konflikts

kurze Fahrt über New York und schon merkt keiner mehr, dass der Rest der Szene in einem Hollywood-Studio aufgenommen worden ist.

Auch in der Fotografie ist ein solches Vorgehen zum Zweck der Verortung sinnvoll. Im gleichen oder einem nächsten Schritt kann der Protagonist und seine Motivation vorgestellt werden. Das Künstlerpaar Hemstedt & Reimer löste dies folgendermaßen.

Dem Aufmacherschuss, der ein beleuchtetes Haus zeigt und damit den Ort der bevorstehenden Handlung initiiert, folgt die Einführung des Helden. Ein Junge steht vor einem Fenster und blickt hinein.

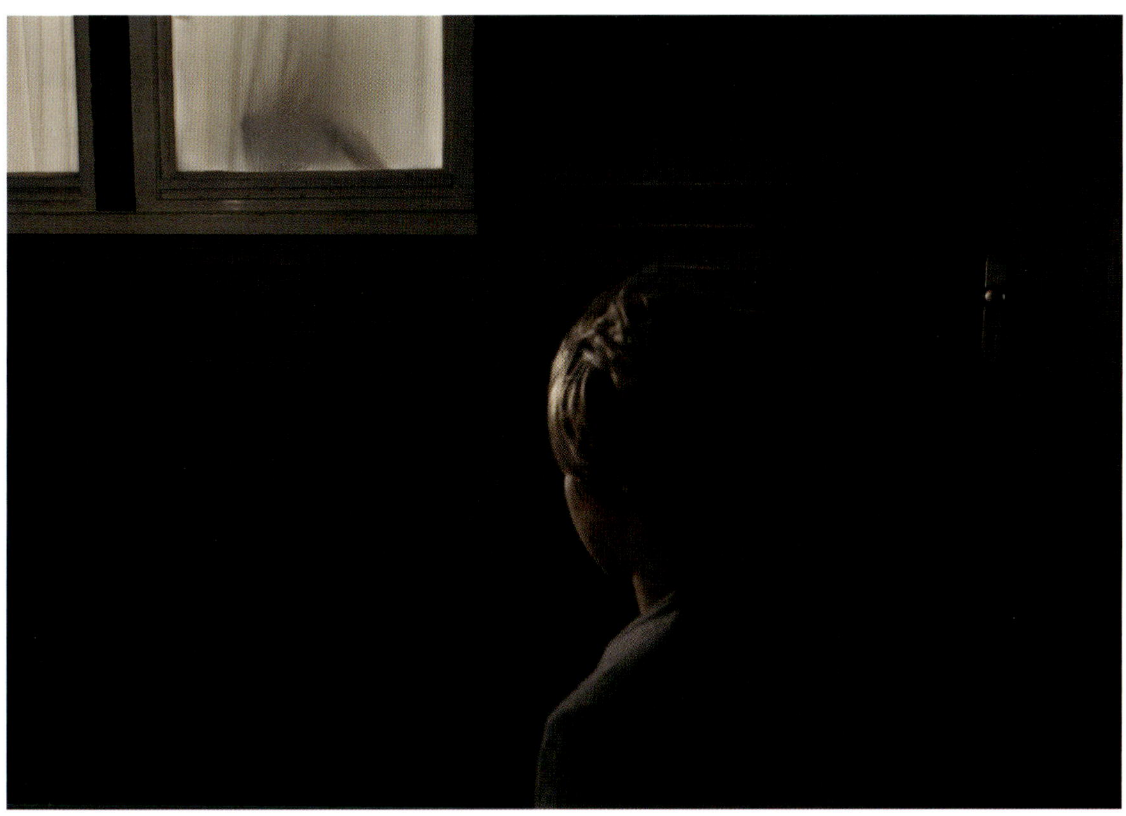

Anhand der in den Bildern vorliegenden Stimmung, offenbart sich dem Betrachter subtil, wovon diese Arbeit handeln könnte: Das Erforschen von etwas Verborgenem, Gefühle, Sehnsucht. All das wird nur subtil angedeutet, aber es ist für den Betrachter spürbar.

In der Ausstellung hängt neben den Bildern ein Zitat von Hermann Hesse:

»Seine Phantasie drängte ahnend einem nahen Verständnis entgegen. Beklommen und im Innersten aufgerüttelt fühlte er sich einem großen Geheimnis nahe, von dem er nicht wusste, ob es köstlich oder schrecklich wäre, aber von beidem empfand er bebend etwas voraus.«

Bereits an diesem Punkt sind die wichtigsten Faktoren für eine gute Geschichte gesetzt.

1. Die bevorstehende Handlung ist eingeleitet.
2. Der Protagonist ist etabliert.
3. Eine einheitliche Sprache ist vorgestellt, um durch die Geschichte zu führen.
4. Die Frage nach der Bedeutung ist geweckt – wir möchten wissen, wie es weitergeht, und das Zitat in einen direkten Zusammenhang zu den Bildern setzen.

Das dritte Bild markiert den Übergang vom ersten zum zweiten Akt – den Übergang von der bekannten Welt (draußen) zur unbekannten Welt (drinnen). Die gesamte Arbeit ist getragen von subtiler Metaphorik. So setzt sich die Serie auch im zweiten Akt fort.

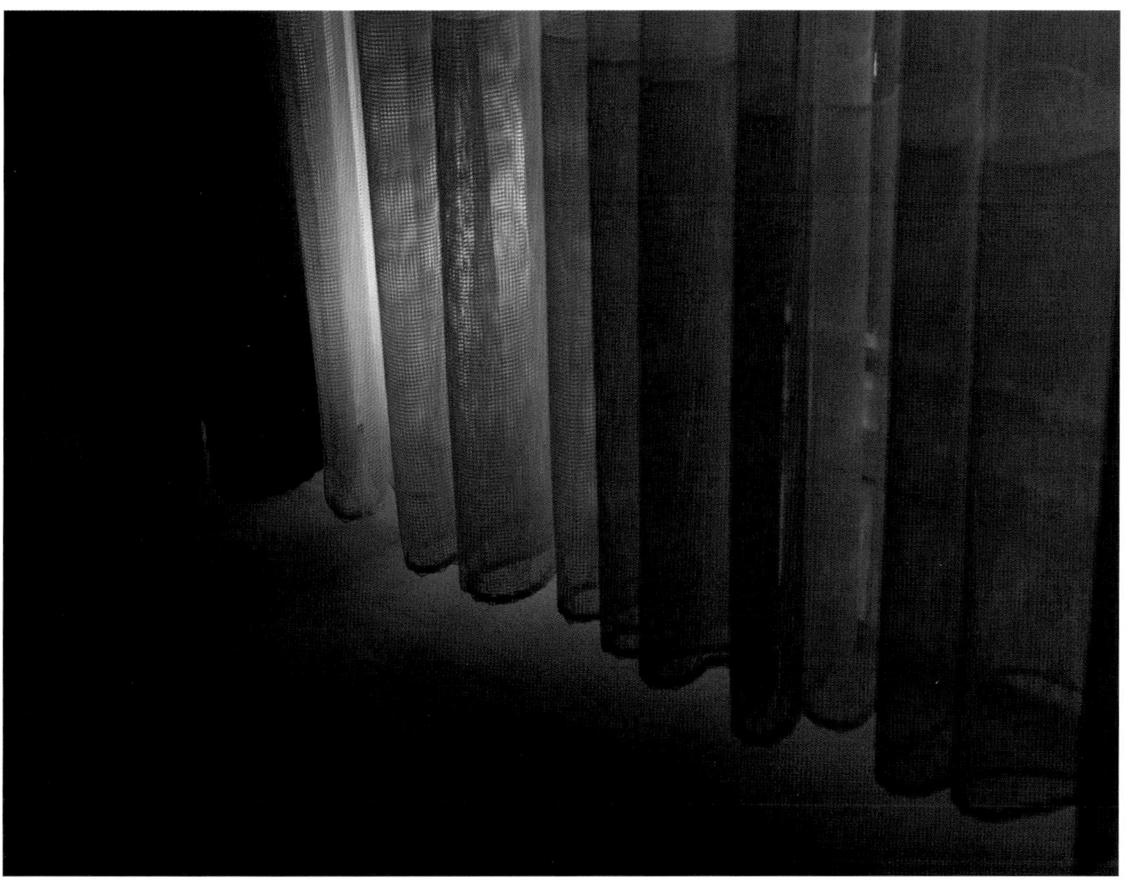

Gezeigt wird der Innenraum mit Blick nach draußen. Die Kamera hat die Schwelle von Bekanntem zu Unbekanntem bereits überschritten. Das Licht, das durch das Fenster nach innen scheint, symbolisiert den Standort des Jungen, der möglicherweise mit seiner eigenen Lampe leuchtet. Das Bild zeigt also beide Welten.

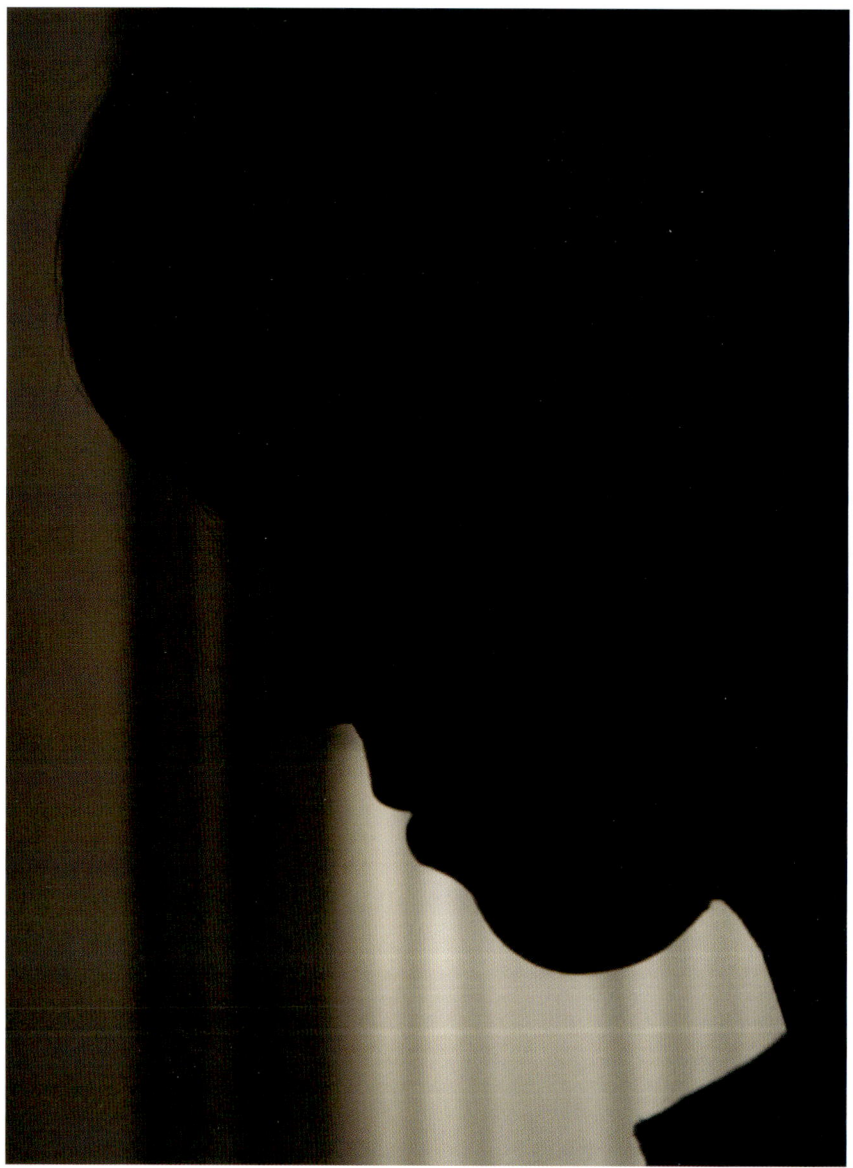

Der Protagonist ist im Innenraum (unbekannte Welt) angekommen, er bleibt allerdings im Verborgenen.

Das Zimmer, in dem sich der Protagonist befindet, scheint leer zu sein. Das, was er erforschen möchte, ist nicht anwesend. Das könnte man als Scheitern interpretieren, in jedem Fall baut sich durch die Abwesenheit von neuer Handlung starke Spannung auf.

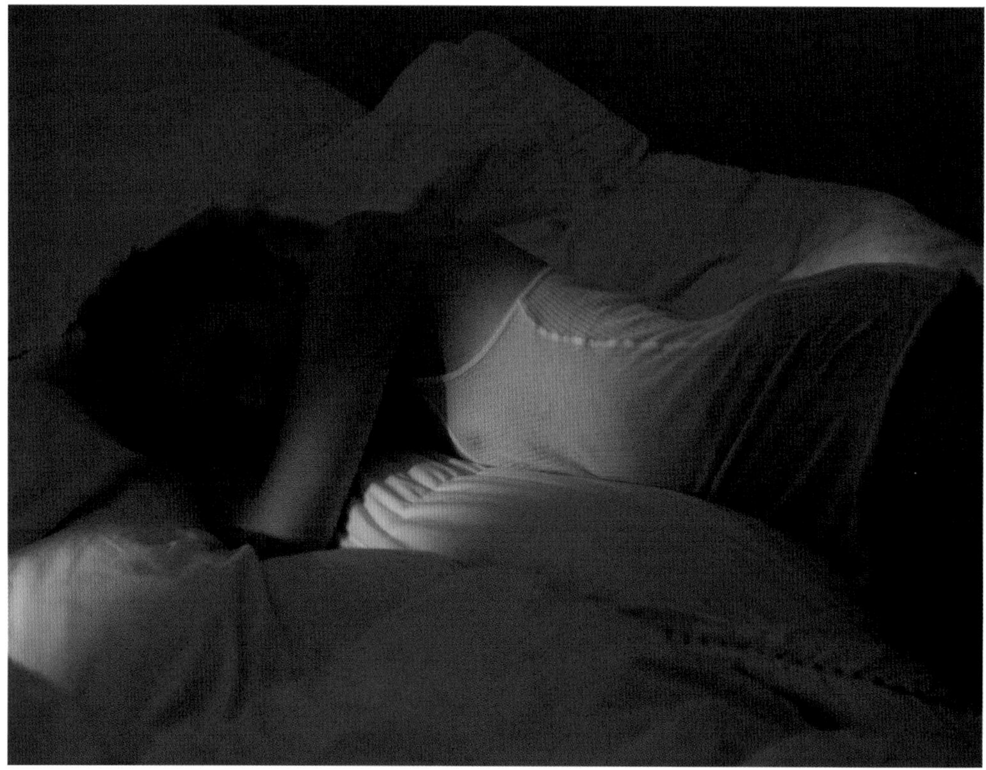

Auf einem Bett liegt eine junge Frau, die nur mit einem halbtransparenten Unterhemd bekleidet ist. Es scheint, dass der junge Protagonist hier seinem Ziel ganz nahe ist. Es bleibt unklar, wie er mit der Situation umgeht. Der zentrale Wendepunkt der Arbeit ist erreicht. Die Konfrontation mit dem Verlangen findet statt – zumindest scheint es so.

An dieser Stelle rechnet man mit dem Höhepunkt, der Bestätigung, dass der Protagonist sein Ziel erreicht hat. Stattdessen scheint Licht auf einen Eisbären, der auf einem Schrank steht. Der Lichtfleck sieht aus wie der Strahl einer Taschenlampe, so wie schon im dritten Bild, beim Übergang vom 1. Akt in den 2. Akt. Der Protagonist bleibt also im Verborgenen. Die Spannung bleibt, da noch nicht klar ist, wie die Begegnung ausgegangen ist. Der Betrachter wartet auf eine Auflösung.

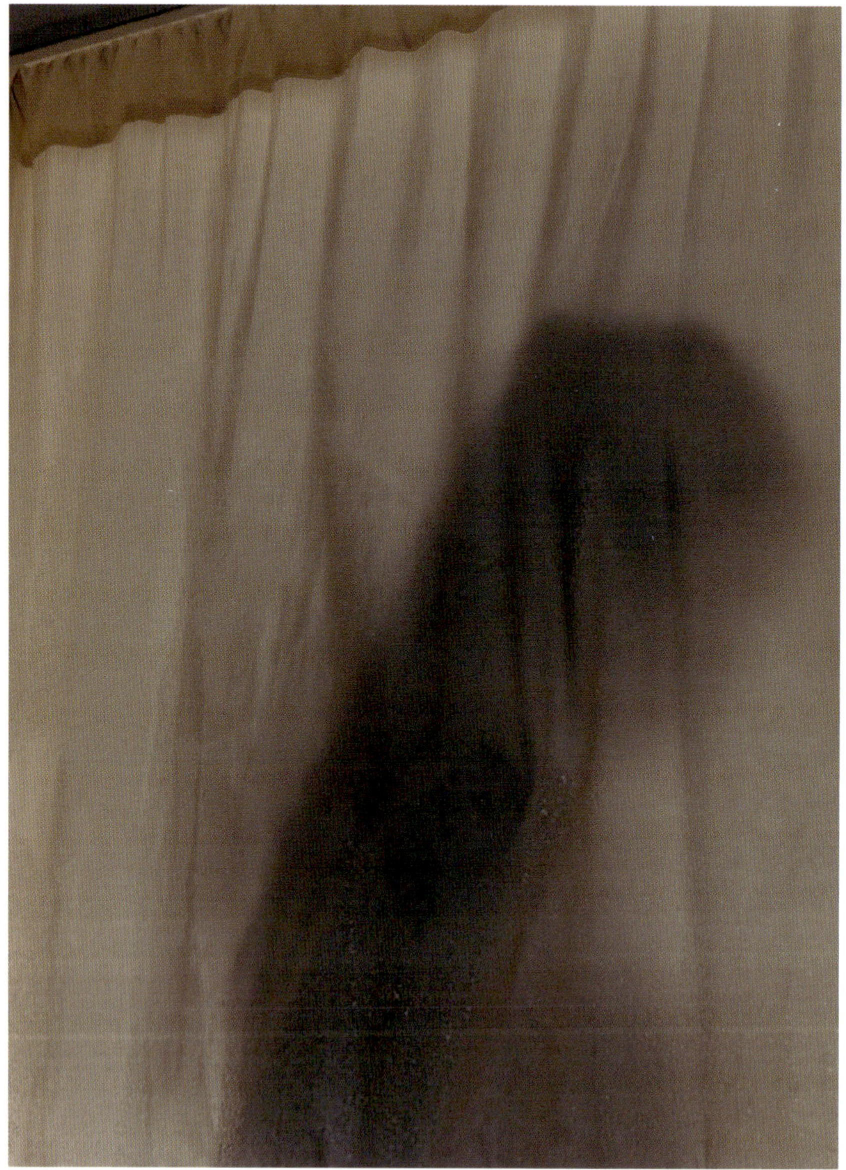

Die Antagonistin ist hinter einem Vorhang verschwunden, der dem aus Bild 2 ähnelt.

Das Bild umspielt die sexuellen Fantasien des Jungen. Statt der direkten Begegnung steht nun wieder etwas zwischen dem Jungen und der Frau – der Vorhang.

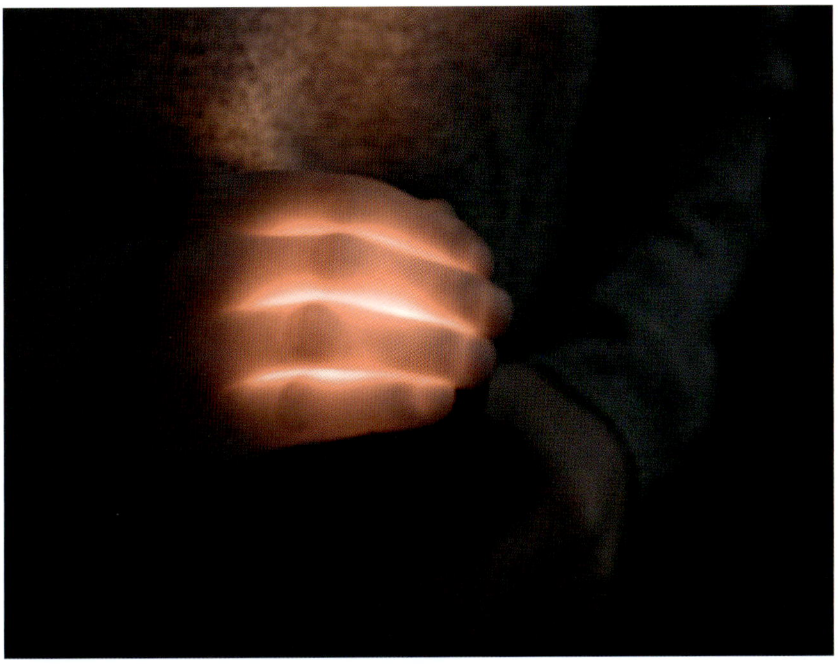

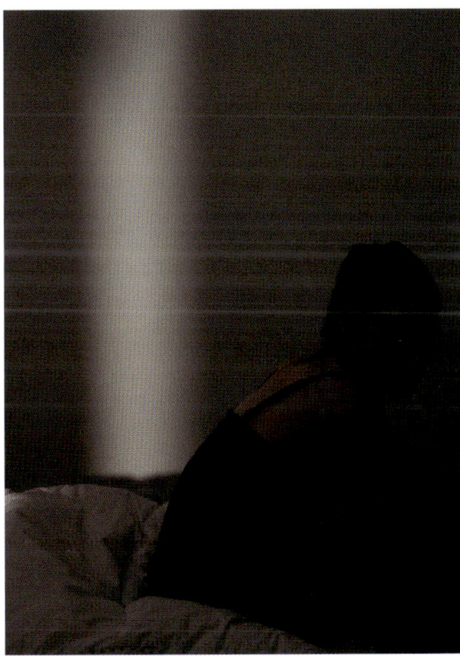

Das Verstecken des Lichts deutet darauf hin, dass der Junge sich tatsächlich nicht aus seinem Versteck gewagt hat. Die Frau, bzw. die Antagonistin ist inzwischen wieder sichtbar, allerdings bekleidet. Das Ende des zweiten Aktes ist erreicht.

Anders als in einer traditionellen Heldengeschichte bleibt der Hauptdarsteller hier je nach Interpretation erfolglos. Die vieldeutige Lesbarkeit der Arbeit ist allerdings eine Stärke, die zur Spannung beiträgt.

Dritter Akt – Rückkehr

Im dritten Akt kommt der Protagonist zurück in die bekannte Welt. Er kommt Heim von der Reise und muss auf den letzten Metern den finalen Kampf beschreiten. Die Handlung hat sich bis zu diesem Punkt verlangsamt, jedoch weiter zugespitzt. Eine langsamere Handlung bedeutet nicht, dass sich der Schnitt im Film beispielsweise auch verlangsamt, häufig ist sogar das Gegenteil der Fall. Der Schnitt und das gefühlte Tempo der Geschichte beschleunigen sich. Das, was passiert – die Handlung –, stagniert jedoch.

Ein oft genutzter Begriff für die Verlangsamung aus der Dramentheorie von Gustav Freytag ist das »retardierende Moment«.

Je nach Genre kommt es zum Happy End, zum Tod, dem Scheitern oder einem offenen Ende, gerne Cliffhanger genannt.

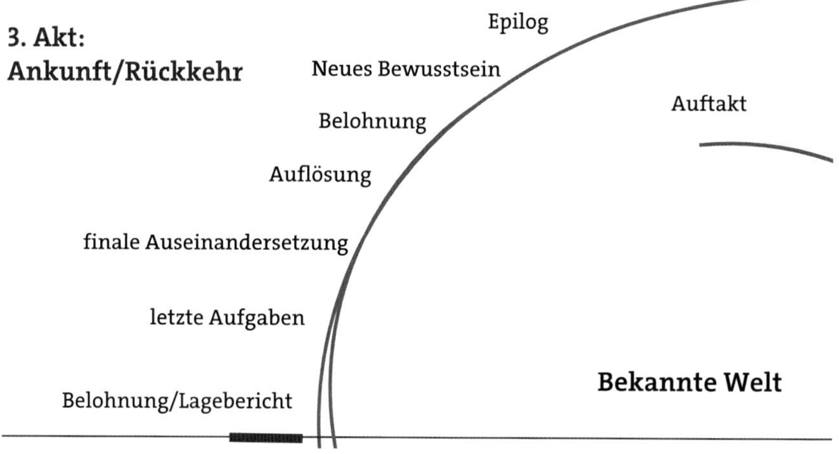

Ausschnitt von Grafik nach Dramaturgie des Films von Michaela Krützen

Außenansicht bei Nacht mit vielen Lampen. Die Rückkehr in die bekannte Welt beginnt und damit auch der dritte Akt.

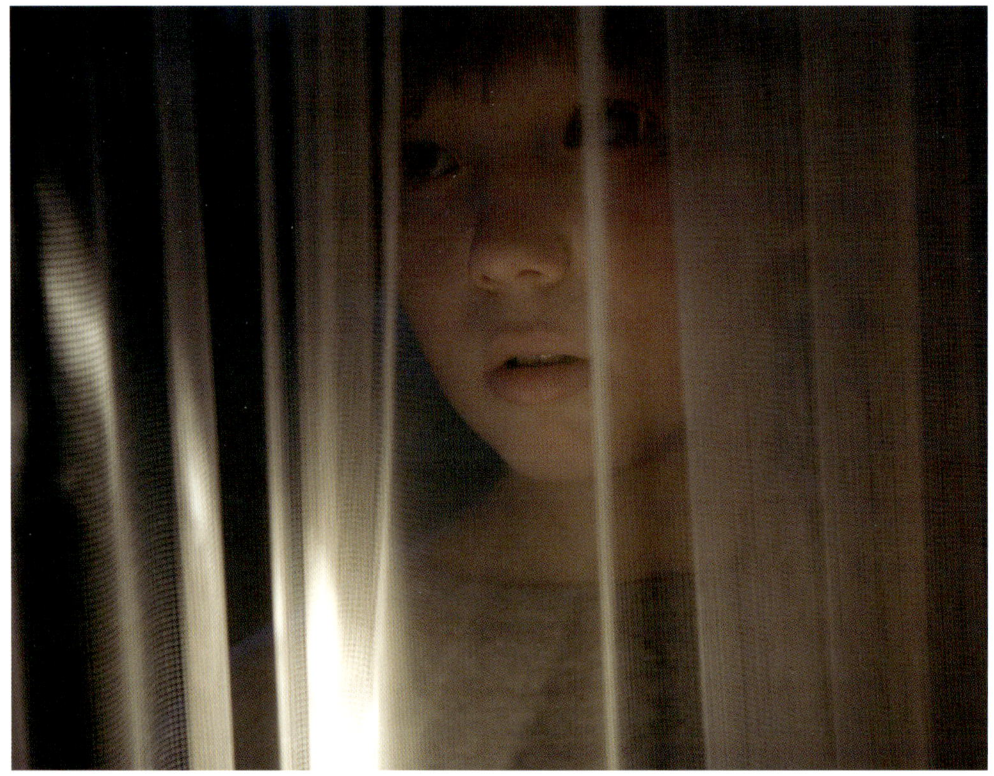

Der Junge ist wieder am Vorhang angekommen, der Innenraum und Außenwelt voneinander trennt.

Landschaft mit Bewegungsunschärfe. Möglicherweise zeigt das Bild die Perspektive des Jungen bei seinem Davonlaufen. Die dunkle Welt hat ihn wieder vollständig aufgenommen.

RÜCK-
KEHR

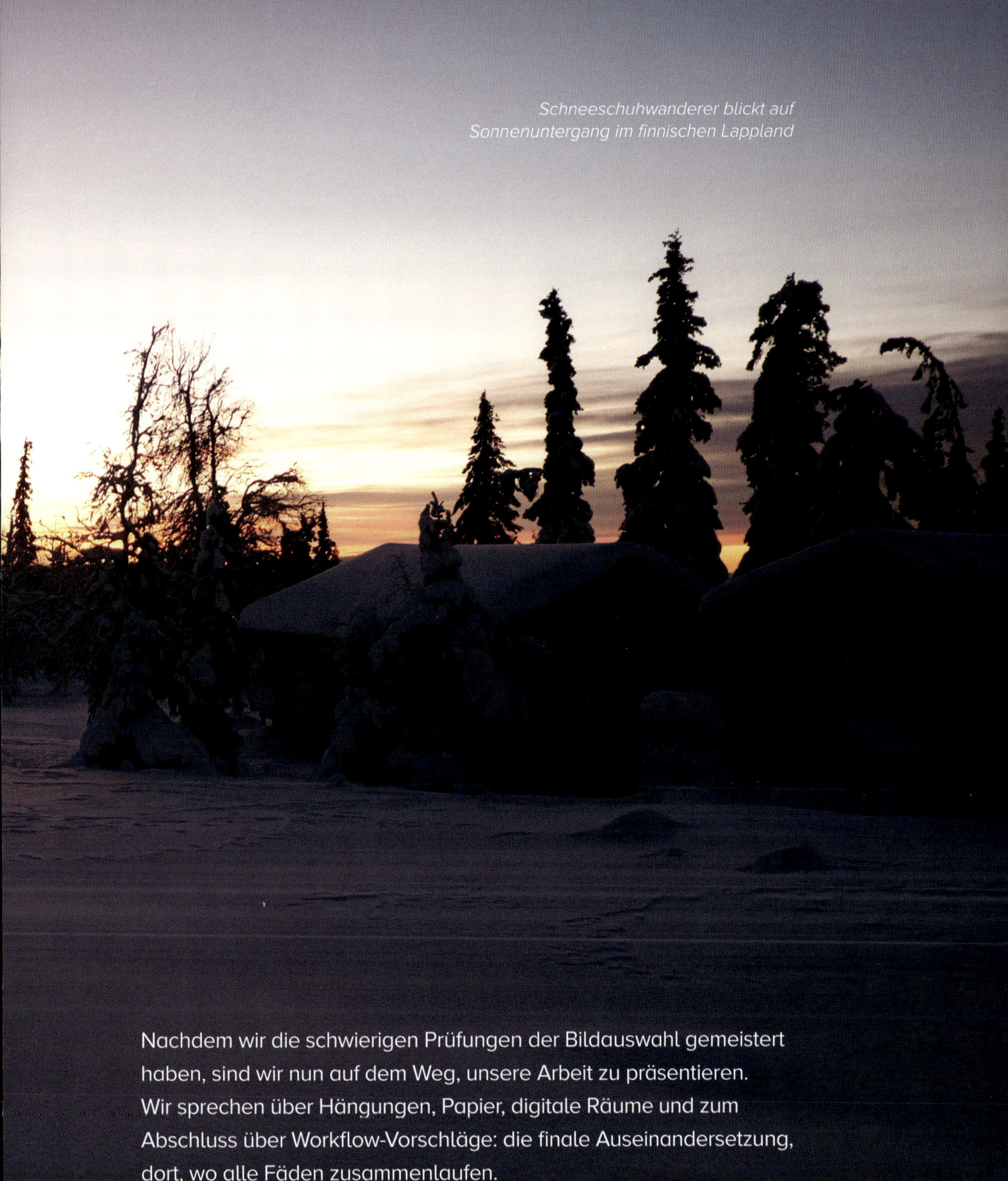

Schneeschuhwanderer blickt auf Sonnenuntergang im finnischen Lappland

Nachdem wir die schwierigen Prüfungen der Bildauswahl gemeistert haben, sind wir nun auf dem Weg, unsere Arbeit zu präsentieren. Wir sprechen über Hängungen, Papier, digitale Räume und zum Abschluss über Workflow-Vorschläge: die finale Auseinandersetzung, dort, wo alle Fäden zusammenlaufen.

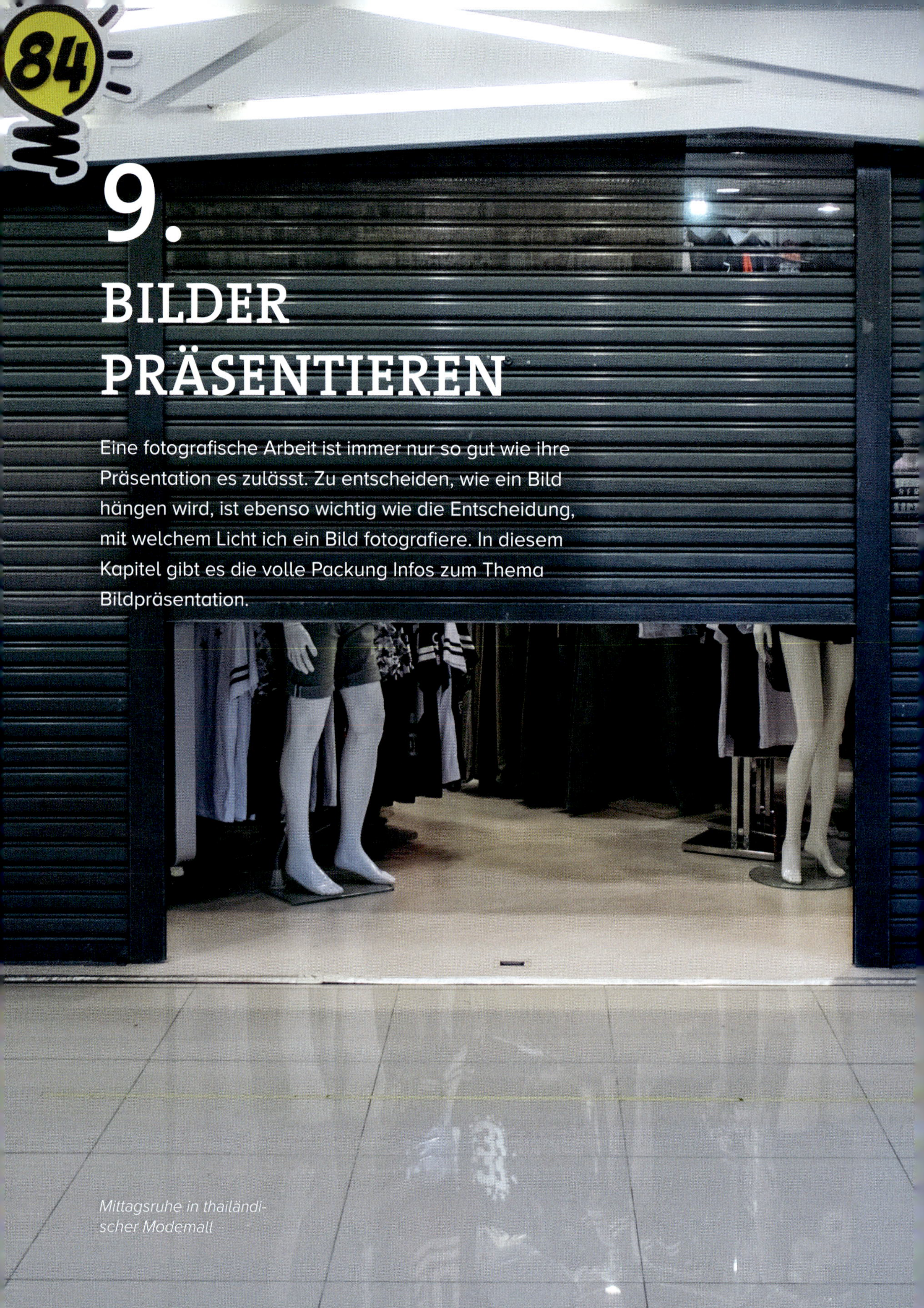

9. BILDER PRÄSENTIEREN

Eine fotografische Arbeit ist immer nur so gut wie ihre Präsentation es zulässt. Zu entscheiden, wie ein Bild hängen wird, ist ebenso wichtig wie die Entscheidung, mit welchem Licht ich ein Bild fotografiere. In diesem Kapitel gibt es die volle Packung Infos zum Thema Bildpräsentation.

Mittagsruhe in thailändischer Modemall

Ein Bild ist erst als Print fertig

Seitdem die digitale Fotografie das Maß der Dinge ist, endet für viele Fotografen der Job mit dem Ablegen der Dateien auf der Sicherungsfestplatte. Das ist nicht nur sehr schade um die vielen tausend Bilder, die wir alle nicht zu Gesicht bekommen. Die Fotografen verpassen auch einen der erfüllendsten Momente im Umgang mit Fotos: das Betrachten ihrer fertigen Arbeit als Print.

Zu Beginn meiner fotografischen Karriere habe ich viel Zeit in der Dunkelkammer verbracht. Jedes Mal war ich fasziniert, wenn eine Fotografie in der Entwicklerschale erschien. Heute erlebe ich es etwas anders, aber dennoch spürbar. Wenn eine neue Arbeit vor mir an der Wand hängt, freue ich mich wie ein Kleinkind.

Meines Erachtens ist ein Bild erst fertig, wenn es an der Wand hängt. Mindestens sollte es gedruckt vorliegen. Ein Bild auf einer Festplatte ist genauer betrachtet kein Bild, sondern eine Menge an Nullen und Einsen, die mit einer falschen Bewegung der Festplatte für immer verloren sein kann.

In der analogen Fotografie nannte man den Schwebezustand zwischen Aufnahme und entwickeltem Film »latentes Bild«. Das Bild war existent, es war geschossen auf dem Film. Allerdings war es nicht sichtbar und ein Fehler im Handling hätte zur Vernichtung der Aufnahme geführt. Zum Beispiel das Öffnen der Filmrolle im Hellen, statt im Dunklen. Erst nach der fertigen Entwicklung und der anschließenden Vergrößerung existierte die Aufnahme. So ähnlich sehe ich es auch mit Bildern auf Festplatten.

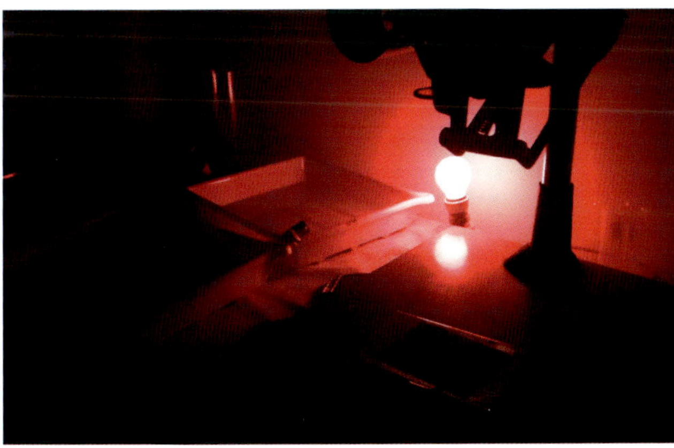

Erst wenn das Bild in der Entwicklerschale erscheint, wird es zu einem fertigen Bild.

Damit mag ich eine antiquierte Meinung vertreten, schließlich scheinen das Millionen von Instagram-Nutzern anders zu sehen. Aber wer einmal dem Reiz einer gedruckten Aufnahme erlegen ist, der wird sich des glorreichen Moments des fertigen Prints beraubt fühlen.

Hinzu kommt, dass die Präsentationsformen im Internet nur sehr eingeschränkt und vor allem nicht genau steuerbar sind. Es gibt zu viele Variablen, die wir als Fotografen nicht beeinflussen können. Beginnend bei der Betrachtungsgröße, der Farbigkeit und dem Kontrast, um nur die Offensichtlichen zu nennen.

»Eine Fotografie ist immer nur so gut wie ihre Präsentationsform«, sagte einmal mein ehemaliger Professor zu mir. Ein schlechtes Bild kann gut präsentiert zu einer wirklich hervorragenden Fotografie werden. Umgekehrt ist es möglich, die beste Fotografie belanglos werden zu lassen, wenn sie im falschen Umfeld gezeigt wird.

Grundsätzlich stelle ich fest, dass das Thema Bildpräsentation vor allem von jungen Fotografen stark unterschätzt wird. Sie lernen Fotografie und deren Präsentation im Internet kennen. Häufig ist ihnen nicht einmal klar, dass Bilder gedruckt und an der Wand völlig anders wirken. Aus diesem Grund ist mir dieses Kapitel besonders wichtig, obwohl es keine bahnbrechenden Innovationen mit sich bringt. Vielmehr verstehe ich das Kapitel als Sammlung von Möglichkeiten, wie mit dem aktuellen Projekt umzugehen ist, sollte es uns mal wieder an Inspiration fehlen.

Bilder an die Wand bringen: zu Hause oder in der Galerie?

Ob die eigenen Fotografien in einer Galerie oder im heimischen Wohnzimmer hängen, macht emotional einen riesigen Unterschied. Im Prozess unterscheidet sich der Vorgang allerdings nur wenig.

Möchte ich eine Bildserie hängen, muss ich unterschiedliche Faktoren bedenken.

Passt der Raum zu dem, was ich sagen möchte?

Hängen Bilder in einem Raum, tritt die Architektur in einen direkten Dialog mit den Fotografien ein. Insofern sollten wir uns vor der Hängung überlegen, ob unsere Bilder zum Raum passen. Ein offensichtliches Beispiel: Wer möchte schon Kriegsfotografien neben dem Fernseher im Wohnzimmer hängen haben?

Es geht aber auch subtiler: Gehen die Nachtaufnahmen im sowieso schon dunklen Flur nicht unter? Ist das Bild vom pinken Sonnenstuhl neben der blauen Blumenvase passend? Nicht nur die Architektur, auch die Zimmereinrichtung spielt eine entscheidende Rolle für die Gesamtwirkung des Raums. Ist zu wenig Platz um das Bild herum, wirkt es reingequetscht. Umgekehrt sieht ein Bild schnell verloren aus.

Ein Grund, warum Galerien häufig ein als »white cube« – also ein weißer Raum ohne Möblierung – gestaltet sind, sind die vielfältigen Hängungsmöglichkeiten unterschiedlichster Kunst. Wären die Räume bunt oder stilistisch einer Epoche zurechenbar eingerichtet, würde das jede Menge Kunstwerke per se ausschließen.

Wie werden die Betrachter durch den Raum geführt?

Bei Bildgeschichten ist es wünschenswert, wenn der Betrachter sie in der korrekten Reihenfolge betrachtet. Bei der Hängung der Arbeit sollte daher sichergestellt werden, dass der Raum dem Betrachter den Weg vorgibt. Das ist z. B. bei Fluren der Fall. Häufig ist es so, dass ein Raum von beiden Seiten begehbar ist. Der Betrachter betritt den Raum und muss sich entscheiden, ob er links oder rechts entlang geht. Mithilfe der richtigen Präsentation kann es gelingen, den Betrachter richtig zu lenken, z. B. mit einem groß gedruckten und sichtbaren Einleitungstext. So ist jedem klar, dass es von dort aus losgeht.

Alternativ kann eine Bildserie natürlich auch von zwei Seiten lesbar gemacht werden, also vorwärts und rückwärts.

Leider ist es hier, wie schon so oft, nicht möglich, klare Faustregeln zu formulieren. Es gibt so viele Möglichkeiten wie Architekturen auf dieser Welt. Solange man allerdings daran denkt, dass es eine Leserichtung gibt, wird man eine Lösung finden, die Bilder gut zu hängen.

Wie groß ist der Betrachtungsabstand zum Bild/den Bildern?

Die Frage nach dem korrekten Betrachtungsabstand hat sich in den vergangenen Jahrzehnten beinahe jeder schon einmal bei der Auswahl der korrekten TV-Größe gestellt. Tatsächlich ist der Betrachtungsabstand auch bei der Hängung von Bildern ein Kriterium.

Möchten wir beispielsweise ein Bild über das neue Sofa hängen, müssen wir darauf achten, wie weit wir mindestens von der Wand entfernt stehen, um die Aufnahme anzuschauen. Behängen wir die Wand mit vielen kleinen 10 × 15-Prints, können wir diese bei einem Meter Betrachtungsabstand kaum erkennen. Für jede Betrachtung der Wand müsste man also mit den Knien auf das Sofa klettern. Keine intuitive Wahl.

Der umgekehrte Fall ist ebenso störend. Ein großes Bild im engen Flur kann man aufgrund des geringen Abstands zur Aufnahme nie in Gänze wahrnehmen.

Als Faustregel gilt: Die zweifache Bilddiagonale ist der Abstand, den unser Auge benötigt, um ein Bild vollständig wahrnehmen zu können. Können wir maximal einen Meter entfernt vom Bild stehen, sollte die Aufnahme in der Diagonale daher nicht mehr als 50 cm lang sein.

Wie hoch hängen Bilder?

Eine beinahe immer richtige Antwort ist: niedriger! Die meisten Menschen hängen ihre Bilder zu hoch auf, auf Augenhöhe!

Fotografien sollten vor allem bequem im jeweiligen Betrachtungsszenario angesehen werden können. Stehen wir Menschen gerade, schauen wir nicht im 90° Winkel gerade aus. Wir blicken leicht nach unten. Daher ist auch dort der korrekte Platz für unser Bild. Als Faustregel gilt, dass ein Bild bei Betrachtung im Stehen im Mittelpunkt zwischen 140 cm und 150 cm hängen sollte. Das stimmt natürlich nur, wenn die Betrachtenden eine durchschnittliche Größe haben, d. h. zwischen 165 cm und 185 cm groß sind.

Möchten wir Fotografien für Kinder aufhängen oder betrachten wir Aufnahmen vornehmlich im Sitzen, ist es hilfreich eine Testperson zu bitten, sich bequem zu positionieren. Dort, wo die Person entspannt, bei leicht gesenktem Kopf hinsieht, sollte später der Mittelpunkt des Bilds sein.

Wie viel Weißraum benötigen die Bilder?

Weißraum ist ein häufig unterschätzter Faktor bei der Hängung von Bildern. Es ist nicht das Ziel, möglichst viel Bild auf das Papier zu bekommen, sondern ein ausgewogenes Verhältnis zu schaffen.

Das stimmt ebenso für das Verhältnis Bild und Wand. Neben unseren Aufnahmen sollte stets genug Raum bleiben, damit das Bild atmen kann. Leerer Raum hilft dem Bild, seine komplette Wirkung zu entfalten. Ein gutes Verhältnis zwischen Bild und Wand ist 4/7, d. h. wenn wir eine 70 cm breite Wand haben, können wir ein 40 cm breites Bild aufhängen. Alternativ gingen auch zwei 18 cm breite Aufnahmen mit 4 cm Platz zwischen den Aufnahmen.

Bei all diesen Faustregeln ist immer eins zu beachten:

Faustregeln sind keine absoluten Größen. Sie sind ein Anhaltspunkt und vor allem ein Standard, der nicht auffällt bzw. keine Aussage transportiert. Manchmal möchte man aber auch etwas Spezielles mit der Hängung aussagen.

Möchte ich beispielsweise eine Arbeit über die Unerreichbarkeit teurer Kunst machen, kann es sinnvoll sein die Arbeit direkt unter die Decke zu hängen. Damit ist schon durch die Hängung ein erstes Statement gesetzt.

Auch hier halte ich es wie schon so oft im Buch: Die Bildpräsentation, d. h. Rahmung und Hängung als formale Mittel, unterstützen die inhaltliche Aussage des Bilds.

In welcher Anordnung sollen die Bilder gehangen werden?
Da es auf diese Frage sehr viele passende Antworten gibt, widmen wir der Frage im Folgenden einen ganzen Abschnitt.

Hängungsformen

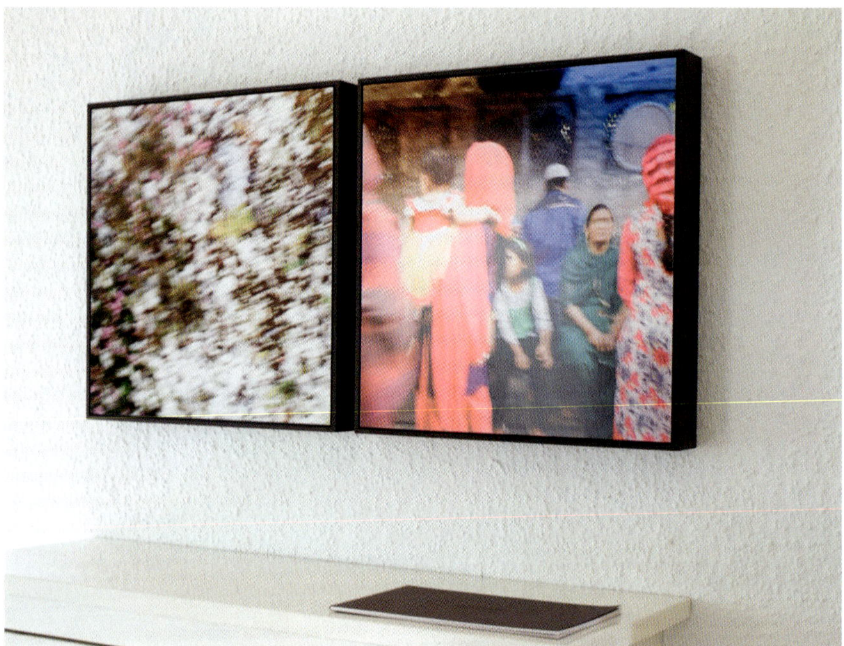

Fotografien aus der Serie Flavour of Rajasthan von Joël Wagner

Solisten & Bildpaare
Dass man ein einzelnes Bild aufhängen kann, ist für niemanden eine Überraschung. Doch schon bei Bildpaaren müssen wir viele Entscheidungen treffen. Welches Bild hängt links, welches rechts? Sollten die Bilder gleich groß sein oder unterschiedliche Größen besitzen. Mit variierenden Größen wird z. B. eine Gewichtung der Aufnahmen erzielt. Wie schon im Kapitel Abbilder

und Prozessbilder besprochen, korrespondieren Bildpaare miteinander. So entstehen Vergleiche oder Geschichten zwischen den Bildern.

Im Fokus steht: Jede Entscheidung sollte eine Bedeutung haben, die idealerweise den Bildinhalt unterstützt.

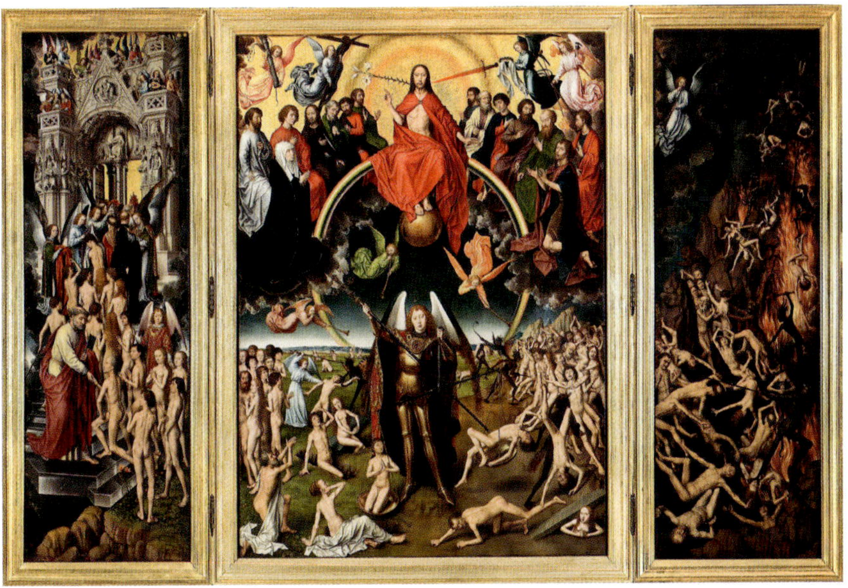

Altarbild von Hans Memling »Das jüngste Gericht« um 1470

Triptychon/Mehrteiler

Als Triptychon bezeichnete man ursprünglich dreigeteilte Altarbilder, die mit Scharnieren auf- und zuklappbar waren. Heute werden auch drei nebeneinander hängende Bilder häufig als Triptychen bezeichnet. Korrekter wäre die Bezeichnung Triplet oder Mehrteiler.

Mehrteiler erfreuen sich großer Beliebtheit, weil sie sowohl kurze Geschichten als auch als interessante »Kurzsammlungen« funktionieren.

Tableau/Rasterhängung

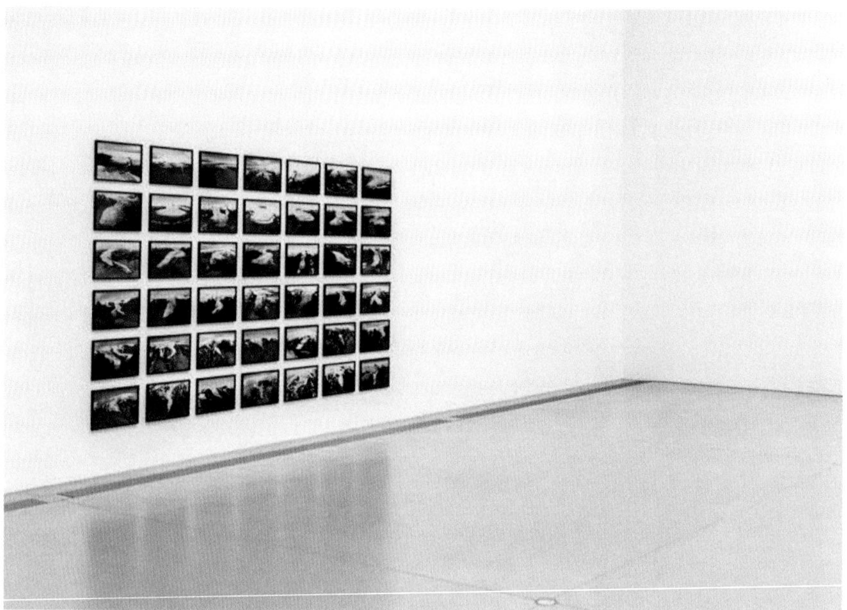

Das Tableau gehört spätestens seit den Typologien von Bernd und Hilla Becher zu den Klassikern in der Bildpräsentation.

Die auch Rasterhängung genannte Hängungsform wird vor allem für Sammlungen bzw. vergleichende Arbeiten verwendet. Wie auch im nebenstehenden Bild zu sehen, verschwimmen die einzelnen Bilder zu einem großen Gesamtbild. Das Einzelbild verliert seine Wichtigkeit und ordnet sich dem Raster unter.

Da ebenfalls nicht eindeutig ist, ob der Betrachter die Reihen senkrecht oder vertikal ausliest, eignet sich ein Tableau nicht gut für zusammenhängende Geschichten.

Für den Erfolg einer Tableau-Hängung müssen die Bildzwischenräume sorgfältig gewählt werden. Idealerweise testet man verschiedene Abstände vorab auf dem Fußboden, um die ideale Breite zu finden.

Petersburger Hängung/Salonhängung

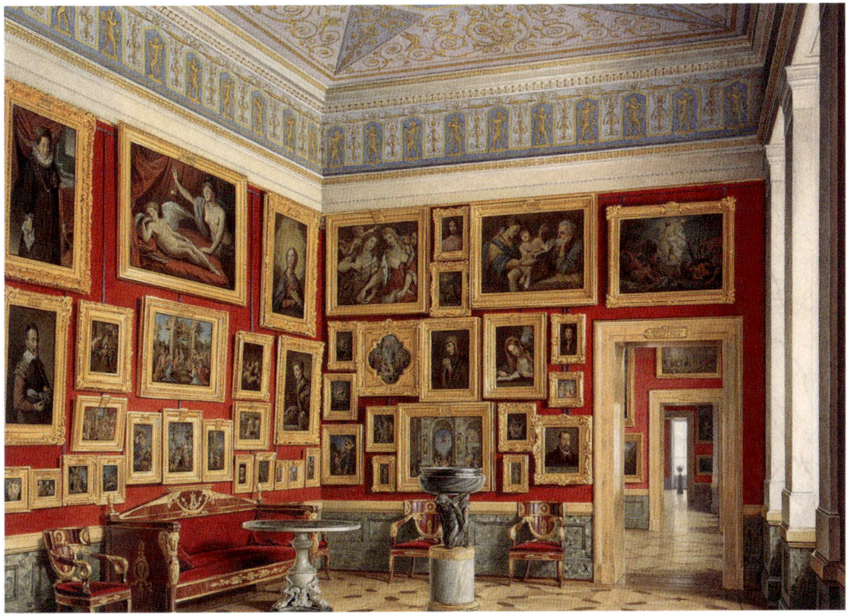

Der Name Petersburger Hängung geht auf die Behängung der Petersburger Eremitage zurück. Die auch als Salonhängung bekannte Hängung begründet sich im Ursprung nicht mit einer intensiven Auseinandersetzung mit den Bildern. Es ging dem Hausherrn um eine Präsentation seiner Macht und seines Reichtums. Das Einzelbild gerät in den Hintergrund, der Eigentümer in den Vordergrund.

Der Petersburger Hängung unterlag keine eindeutige Hängungslogik. Im Zuge der immer stärker designorientierten Inneneinrichtung hat sich folgende Ordnungslogik an vielen Stellen durchgesetzt.

Das erste Bild ist bestimmend. Jedes weitere Bild kann entweder auf Oberkante, Mittelpunkt oder Unterkante bündig mit der jeweils eigenen Ober- oder Unterkante bzw. dem Mittelpunkt gehangen werden. So entsteht ein geordnetes System, das sich jeweils an nebenstehenden Bildkanten orientiert.

Kantenhängung

Möchten wir Bilder mit unterschiedlichen Größen hängen, ist die Kantenhängung ein guter Ansatz. Auf einer gedachten horizontalen Linie werden alle Bilder entweder mit der Ober- oder Unterkante gehangen.

Diese Hängung strahlt selbst bei vielen unterschiedlichen Größen aufgrund der einheitlichen Kante Ruhe aus.

Kantenhängung mit Rückgrat

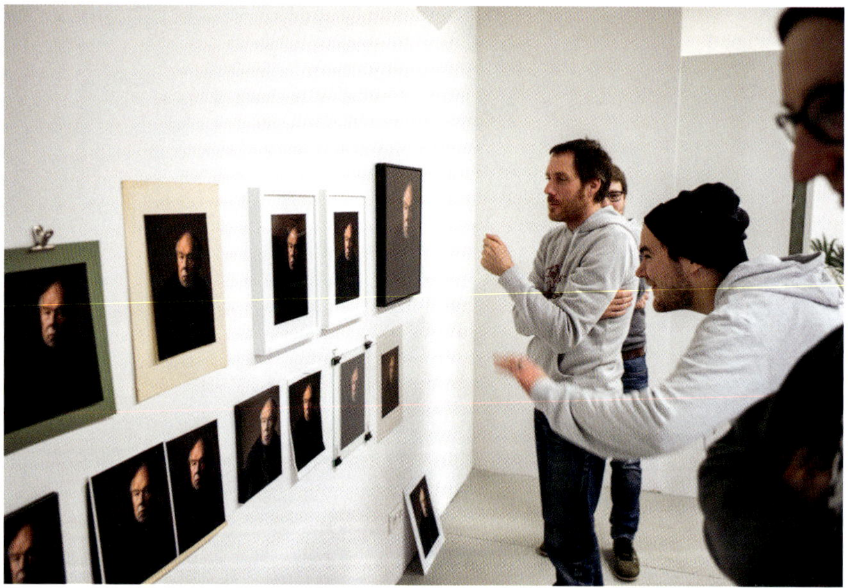

Abgebildet ist eine Kantenhängung mit Rückgrat, d. h. ober- und unterhalb einer gedachten Linie hängen bündig zwei Reihen von Bildern. Auch wenn es auf den ersten Blick nicht so wirkt, werden hier Gegensätze präsentiert, allerdings immer mit dem gleichen Motiv.

Die Kantenhängung eignet sich wunderbar für die Darstellung von Gegensätzen.

Die horizontale Linie der Kantenhängung wird beidseitig jeweils mit Ober- und Unterkante behangen. Anhand der Breite der gedachten Linie kann der Grad der Trennung bestimmt werden.

Auch eignet sich diese Präsentationsform z. B. für Zeitstrahle, Geschichten mit mehreren Handlungssträngen oder Gegenüberstellungen von fotografischen Sujets.

Reihenhängung

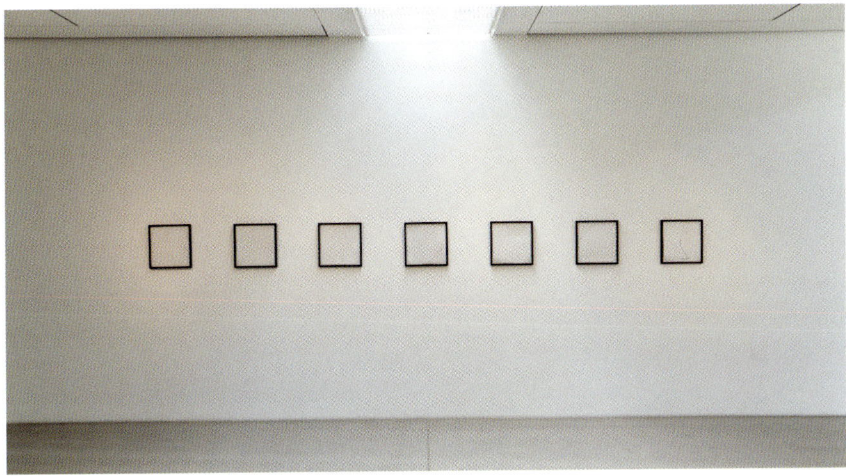

Die Reihenhängung ist absoluter Standard für jede Form von Kunst und sowohl für Sammlungen als auch Geschichten geeignet.

Je größer der Raum, desto besser können sich die Betrachter eine Übersicht über das Gesamtwerk machen (wie im Bild links) und bei näherem Vorbeigehen dennoch jedes Bild einzeln als eigenständiges Werk wahrnehmen. Insbesondere Geschichten lassen sich mit der Hängung wunderbar abbilden. Einzig die Lesrichtung muss geklärt sein.

Inside-Lines-Hängung

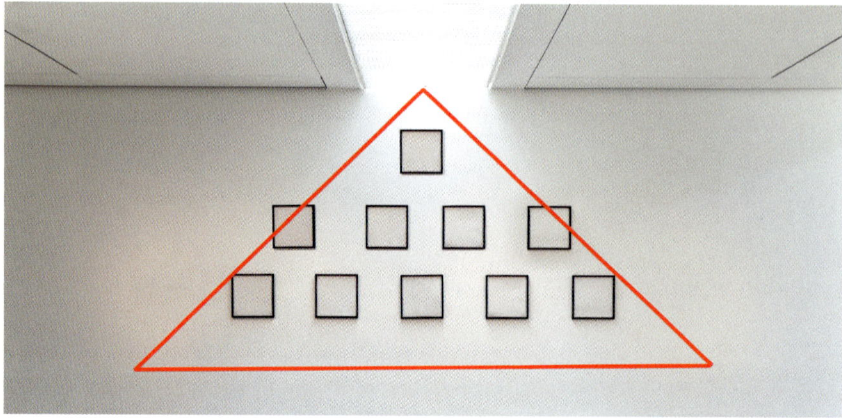

Bei der Inside-Lines-Hängung ist jede Form möglich, Voraussetzung ist, dass der Betrachter sie gut erkennen kann.

Die Inside-Lines-Hängung folgt keiner Hängelogik oder Blickrichtung. Innerhalb einer gedachten Form, wie z. B. einem Dreieck oder einem Kreis, können Bilder willkürlich platziert werden. Solange die äußere Form erkennbar bleibt, wirkt die Hängung harmonisch. Wie bei Raster- und Petersburger Hängung steht auch hier die Hängung an sich im Vordergrund.

Bilder hinstellen

Nichts spricht dagegen, ein Bild einfach auf den Boden oder ein Sideboard zu stellen. Für diese Präsentationsform sollte man jedoch eine ganz eindeutige Begründung haben, da sie beim Betrachter natürlich zunächst die Frage nach dem »Warum« auslöst.

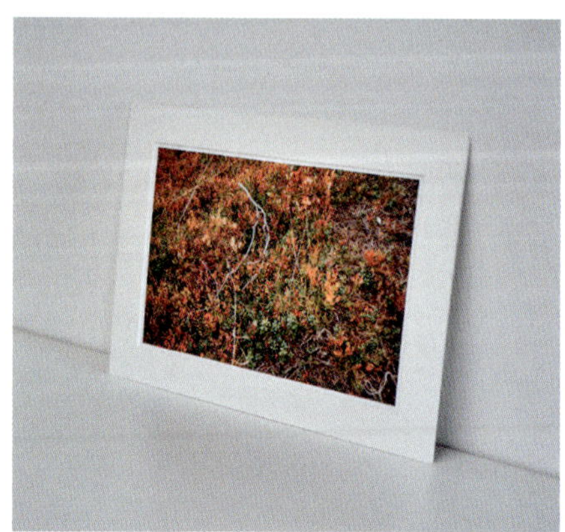

Bildleisten

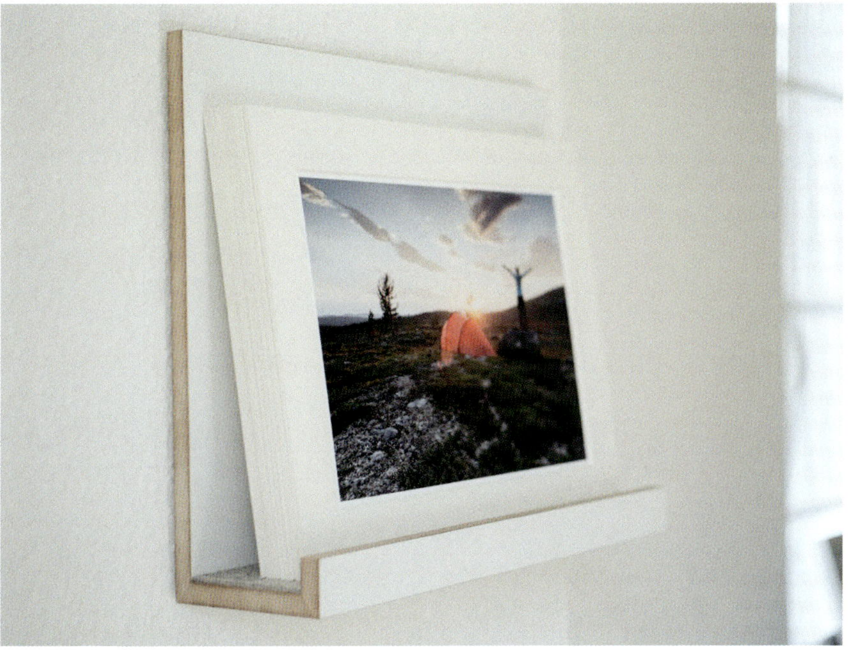

Fotografien aus der Serie Off Season von Joël Wagner

Bildleisten gibt es in allen Größen und Breiten. Es ist möglich, Rahmen wie auch ungerahmte Bilder abzustellen. Das nebenstehende Bild zeigt eine Variante. In diesem Fall ist eine Bildserie mit Passepartouts hintereinandergestellt worden. Zur Betrachtung kann die Arbeit als Ganzes aus der Leiste genommen werden.

Während Bildleisten im Regelfall eher für die Familienwand geeignet sind, kann auf diese Weise auch eine Bildserie hochwertig präsentiert werden. Das erste Bild wird zum Aufmacher der Geschichte. Hat man Lust, nimmt man die gesamte Reihe aus dem Halter und schaut sie sich in Ruhe auf dem Sofa sitzend an.

Papier ist nicht gleich Papier

Gedächtnisprotokoll

Verkäuferin: Es gibt nur matt oder glänzend, wie möchten Sie es gedruckt haben?

Sebastian: Ist das matte Papier so matt wie Druckerpapier?

Verkäuferin: Matt ist halt matter als das Glänzende. Das andere ist sehr glossy, also so wie normales Fotopapier eben.

Sebastian: Und das Matte? Ist das so wie Druckerpapier oder dennoch glänzend?

Verkäuferin: Na, glänzen tut es schon ein bisschen. Wissen Sie, so wie Bewerbungsbilder immer sind. Das ist unser normales Bewerbungsfotopapier.

Sebastian: Ok. Ein wirklich mattes Papier, also offenporiges, haben Sie nicht?

Verkäuferin: Nein, so etwas gibt es nicht!

Die Verkäuferin kramt in einer Schublade unter dem Tresen und zieht zwei in die Jahre gekommene Musterabzüge heraus. Ich betrachte die Papierfetzen und runzele die Stirn.

Sebastian: Ich habe so etwas vollständig Glanzfreies letztens in einer Ausstellung gesehen. Das sah aus wie weißer Karton, ohne dieses Glänzende. So etwas führen Sie nicht?

Verkäuferin: Nein, da müssen Sie sich versehen haben. Es gibt nur matt oder glänzend. Das hier ist matt. Soll ich Ihnen die Bilder in matt bestellen? Ich hab ja leider nicht den ganzen Tag Zeit.

Das nebenstehende Gespräch ist ein Gedächtnisprotokoll meiner ersten Begegnung mit dem Phänomen Papierauswahl, einige Jahre vor dem Beginn meiner fotografischen Ausbildung. Die Fotofachverkäuferin war schlecht geschult und nicht in der Lage, den Unterschied von offenporigen, gestrichenen und anderen Papieroberflächen zu vermitteln. Oder noch treffender, für sie gab es nur zwei Papiere: matt und glänzend.

Dass die Wahrheit komplexer ist, zeigt sich selbst dann, wenn man nicht allzu genau hinschaut. Es gibt natürlich nicht nur zwei Papiersorten, es gibt hunderte, die sich untereinander so stark unterscheiden wie ein VW Up von einem Lamborghini Aventador.

Grundsätzlich hatte die Verkäuferin recht, dass man im Großen und Ganzen zwischen matten und glänzenden Bildträgern unterscheidet. Dass das Papier, welches sie mir als matt bewarb und im Fachhandel unter den Namen Luster, Satin oder Semigloss vertrieben wird, zu den glänzenden Papieren gehört, ist beinahe schon Slapstick. Wie sich später herausstellen sollte, ein bekanntes Problem bei kleinen Studios, da sie alle von den gleichen Großhändlern beliefert werden und diese das Papier nun einmal so vertreiben. Die erste Lehre für mich war also: Traue nie jemandem, der nur von matten oder glänzenden Papieren spricht.

Wann ist welches Papier sinnvoll?

Diese Frage eindeutig zu beantworten, käme der Quadratur des Kreises gleich. Es gibt Anhaltspunkte für das eine oder andere, Erfahrungswerte und immer wieder die Frage nach dem inhaltlichen Bezug.

Zunächst ein wenig Handwerkszeug: Der Unterschied zwischen matt und glänzend ist etwas differenzierter zu betrachten. Genauer gesagt unterscheidet der Druckspezialist zwischen gestrichenen und ungestrichenen Papiersorten.

Was möchte ich mit dem Papier erreichen?

Im beistehenden Fashion-Bildpaar hat der Fotograf Simon Veith mit starken Kontrasten gearbeitet. Als komplementären Gegenpol zum Bildzweck, der Präsentation des Kleids, hat er sich für ein leuchtendes Gelb als Hintergrundfarbe entschieden. Die Aufnahme zeigt das Modell im sehr reduzierten, hellblauen Sommerkleid, das im Detailschuss seine Leinenstruktur offenbart.

Möchten wir das Strahlen der Farbe begünstigen und die feinen Leinenfäden im Print sichtbar machen, müssen wir zu einem möglichst glänzenden Papier greifen. Je glatter die Oberfläche des Papiers, desto direkter kann das auftreffende Licht in unser Auge fallen. Die Lichtstrahlen treffen einmal auf dem Papier auf und nehmen unmittelbar Kurs in Richtung unserer Augen.

Nähmen wir ein mattes Papier mit starker Struktur, würde das Gelb matter bzw. entsättigter wirken.

Stark strukturierte Papiere haben außerdem die Eigenschaft, sehr feine Details nicht umfassend darstellen zu können. Ein weiterer Grund, warum eine matte Präsentation für diese Arbeit wohl nicht ideal wäre.

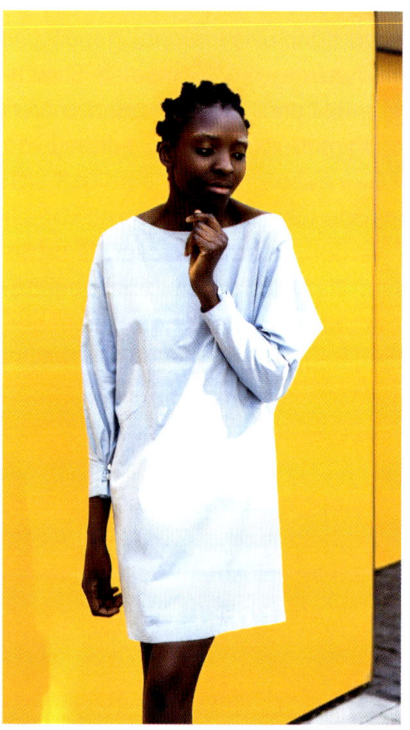

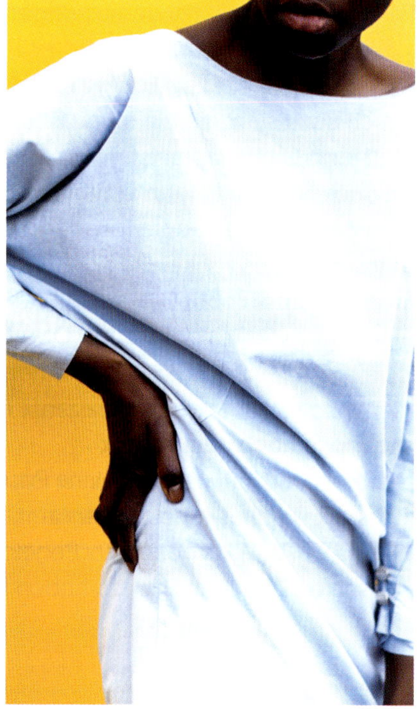

Fotografien von Fair-Fashion-Fotograf Simon Veith

Aus dieser Analyse könnte ich nun schließen:
Fashionshooting = Glossy-Papier.
Oder aber **harte Kontraste = Glossy-Papier.**

Ziehe ich nun das folgende Fashionshooting aus meiner Ausbildungszeit heran, zeigt sich, dass solche Pauschalisierungen, sei es nach Genre oder Sujet, nicht taugen.

Erneut drängt sich die Frage nach dem Zweck des Drucks auf. Was möchte ich als Fotograf bzw. die Modefirma mit dem Bild erreichen?

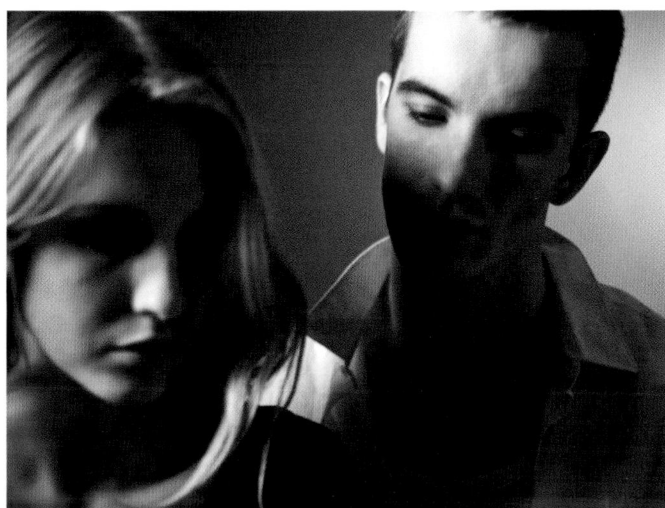

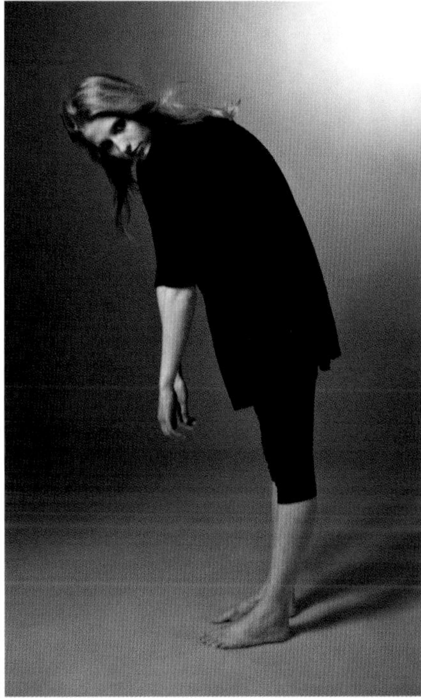

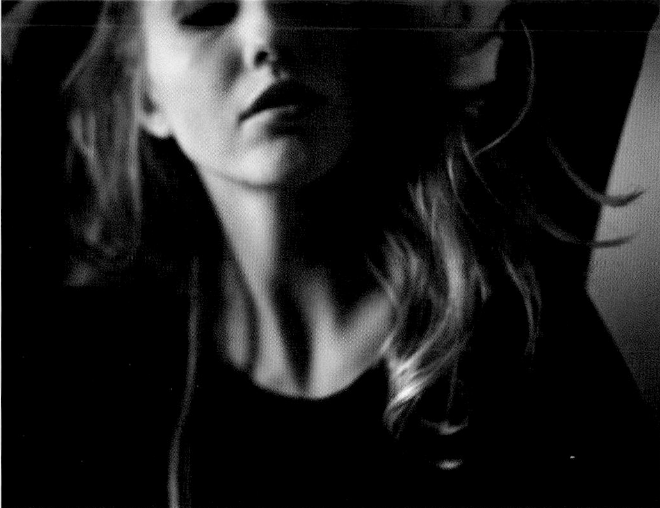

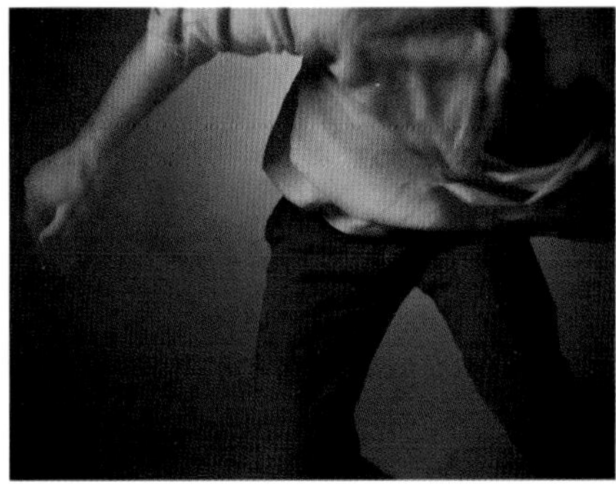

Wie das erste Bildpaar möchte auch diese Serie auf der nächsten Seite Mode verkaufen, allerdings mit völlig anderen Mitteln. Diese Arbeit definiert sich durch unscharfe Momente, scheinbare Zufallsaufnahmen, vielleicht während eines Tanzes oder ähnlichem, das wird nicht eindeutig offenbart. Dem Betrachter wird vermittelt: Wenn du unsere Mode trägst, wirst du auch so lasziv, emotional und sensibel sein. Während Simons Beispiel das Produkt zum Helden macht, ist es in diesem die Emotion.

Formal wirkt die Serie durch die Lichtspiele und die tiefen, schwarzen Bildanteile ohne Detailgrad. Ein stark glänzendes Papier würde innerhalb dieser schwarzen Flächen immer Spiegelungen aufnehmen, die im Extremfall vollständig vom Bildmotiv ablenken. Ein mattes Papier hingegen zieht den Betrachter in das Bild hinein. Die Phrase »Das Papier schluckt Licht« bekommt eine wortwörtliche Bedeutung.

Was nun?

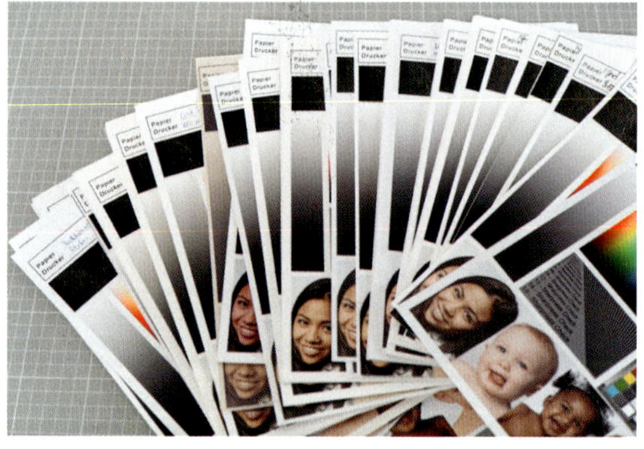

Um herauszufinden, welches Papier am besten zu dem jeweiligen Zweck passt, ist es sinnvoll, sich von einigen Herstellern Testmuster zusenden zu lassen. Anhand dieser Muster können wir einen guten Überblick über die Fähigkeiten des Papiers bekommen. In der Regel sind sie sogar kostenlos bestellbar.

Im Studio haben wir von ca. zehn verschiedenen Druckereien Muster liegen und zusätzlich für den eigenen Drucker über 30 eigene Papiermuster angefertigt. Letztere sind der Königsweg, plant man Bilder in Eigenregie zu produzieren. Vor jedem Druck schaue ich sämtliche Varianten durch und überlege, wie die Bildaussage am besten begünstigt wird.

Auch hier offenbart sich die Gewichtung zwischen Bildinhalt und Form. Im Zentrum steht die Aussage, die durch die Präsentationsform unterstützt oder konterkariert werden kann.

Der Rahmen gehört zum Bild

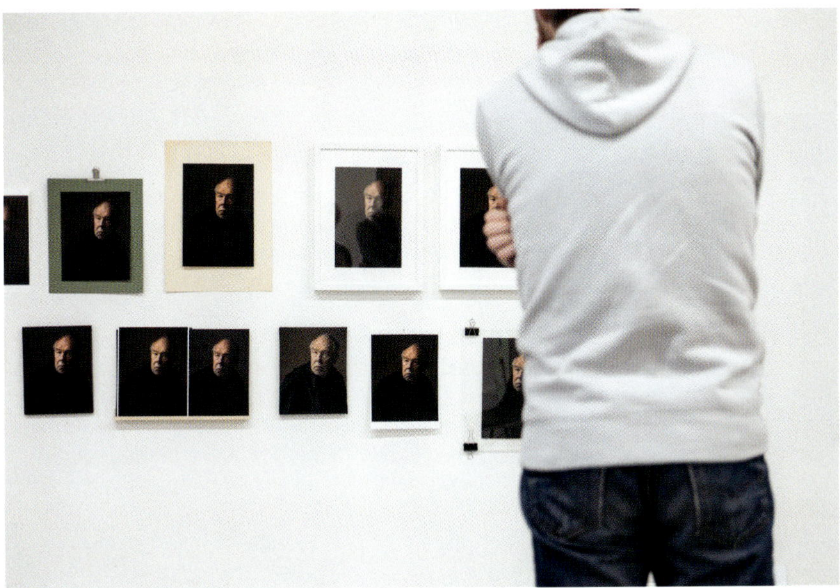

Ein Bild ohne haptischen Träger ist wie ein Diamant ohne Fassung. In einer billigen Fassung kann selbst der teuerste Brillant seine Wirkung nicht entfalten und sieht möglicherweise aus wie aus dem Kaugummiautomaten. Ist ein günstiges Steinchen präzise und hochwertig eingefasst, wirkt er edel und hochwertig.

Für Workshopzwecke haben wir das Bild eines Mannes mit Umhang auf alle uns verfügbaren Papiere gedruckt und jedes anschließend auf eine andere Oberfläche aufgezogen, gerahmt, geklemmt oder kaschiert.

Jedes Bild wirkt anders. Manche wirken fehl am Platz, einige konkurrieren um die gelungenste Darstellung. Aber alle haben etwas gemeinsam: eine grundlegend andere Wirkung.

Hier einige Beispiele:

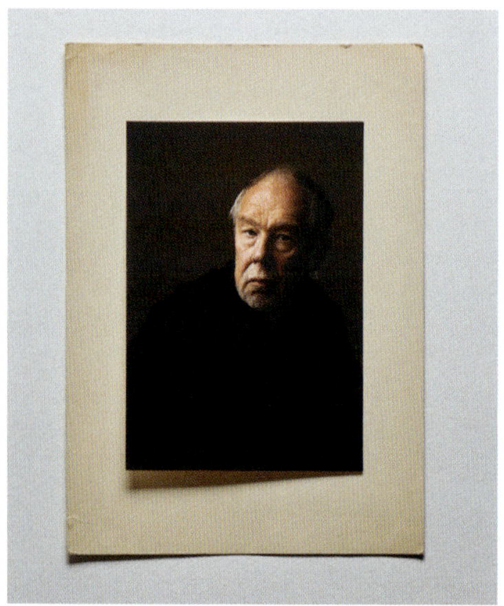

Bild auf mattem Papier, an Oberkante verklebt auf vergilbter Pappe mit Patina

Das Bild hat zwar keinen Rahmen, allerdings ein Passepartout, das ebenfalls wie ein Rahmen wirkt. Das Bild ist an der Oberseite verklebt. Dies ermöglicht ein leichtes Abheben des Bilds an der Unterkante, das zu einem diagonalen Schatten führt. Dieser Schatten legt die Dreidimensionalität der Hängung offen.

Das Papier ist matt, allerdings sehr wenig strukturiert. Es kann differenzierte Tiefen darstellen, dies jedoch nicht im tiefsten Schwarz. Das Bild wirkt etwas flau. Die Farben im Hintergrund sind grünlich, so wie der ursprüngliche Hintergrund, d. h. das Bild ist farbgetreu wiedergegeben. Leider fehlt die Brillanz im Hintergrundverlauf.

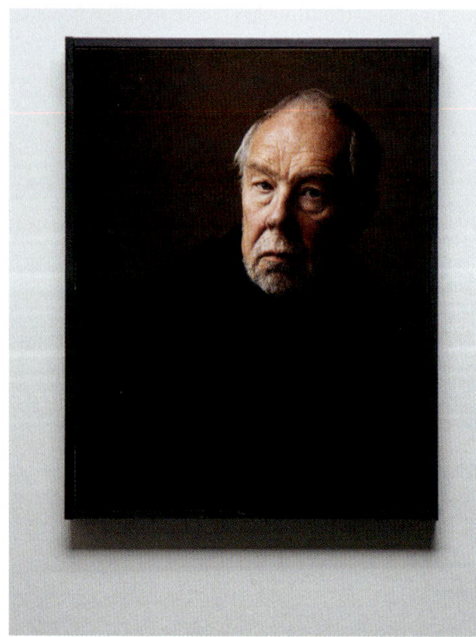

Schattenfugenrahmen mit Luster Photo Paper

Luster-Papier ist gestrichen und hat daher einen hohen Reflexionsgrad. Das Bild wirkt deutlich kontrastreicher, ist in den Tiefen allerdings nicht so differenziert wahrnehmbar. Es wirkt so, als ob die Tiefen schnell zulaufen und nur noch schwarz sind. Das ist allerdings nur ein optischer Effekt, der aus dem hohen Reflexionsgrad des Papiers entsteht. Aus einem stark seitlichen Winkel betrachtet, sind in dem Papier ebenso viele Details vorhanden wie im matten Pendant. Die Farbgebung des Hintergrunds ist deutlich brillanter, allerdings aufgrund der Papiereigenfarbe rötlicher als gewünscht.

Anders als im linken Beispiel schließt der schwarze Rahmen das Bild ab. Es wirkt sehr kompakt.

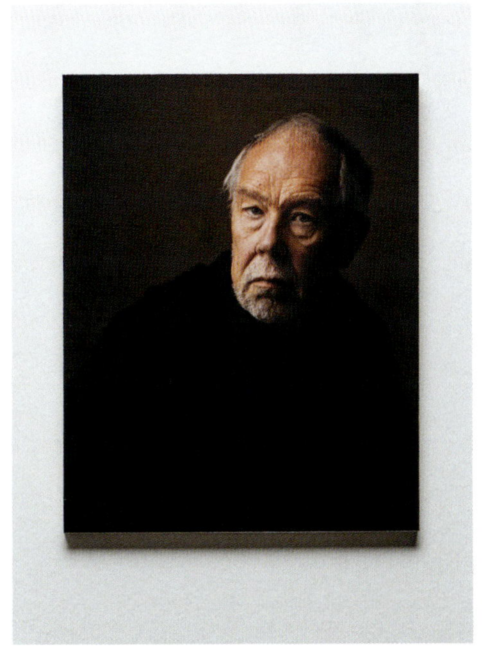

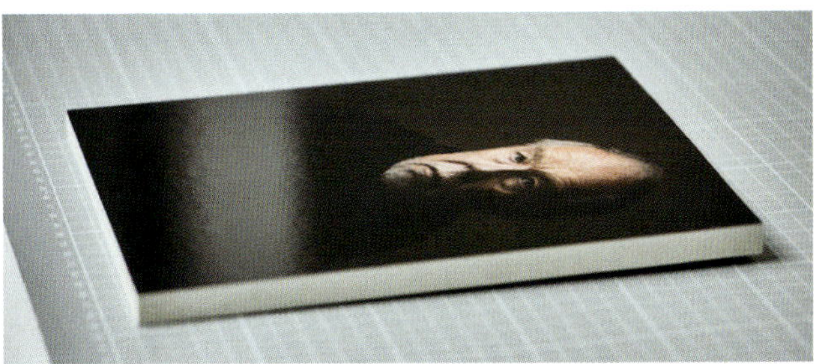

Oben links: ***Hochglanzpapier auf weißem 15 mm MDF Holz***
Ebenso wie das Luster-Papier schluckt ein Hochglanzpapier (Glossy) in der Reflexion tiefe Schatten. Das bedeutet, dass sich helle Stellen in der Umgebung im Bild einspiegeln und diese von unserem Auge eher wahrgenommen werden als das dunklere Bild. In diesem Bildbeispiel habe ich sämtliche Reflexionen ausgeschlossen, sodass der wahre, sehr hohe Kontrastumfang des Papiers sichtbar wird und das Papier beinahe matt erscheint. Anders als das Luster-Papier links, hat das Papier eine bessere Differenzierung in den Mitteltönen und bleibt auch näher an der grünlichen Hintergrundfarbe.
Oben rechts: ***Dasselbe Papier im Reflexionswinkel***

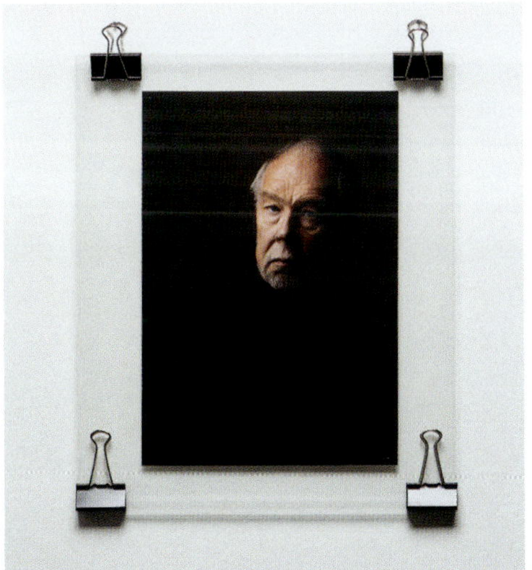

Leinwand unter Glas, geklammert
Leinwand ist ungestrichen und »frisst« aufgrund der sehr groben Struktur viel Licht. Eine Glasscheibe hat ähnliche Eigenschaften wie ein Glossy-Papier, es reflektiert sehr viel des eintreffenden Lichts. Für den dunklen Mantel ein doppeltes Manko. Nur wenig Licht dringt durch das Glas durch, gleichzeitig kommt nur ein Bruchteil des durchdringenden Lichts wieder bei uns an. Der Mantel des Manns wirkt beinahe schwarz.

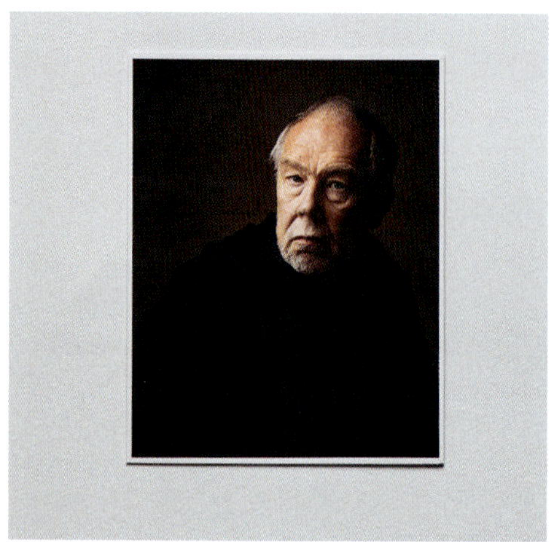

Mattes Fotopapier mit kleinem Rand auf Pappe
Ein gutes, mattes Papier mit hohem Kontrastumfang ist in der Lage, dunkle Farben wiederzugeben und gleichzeitig brillante und differenzierte Übergänge zu erzeugen. Der Kontrast ist hart, aber ausgewogen. Lediglich die Farbigkeit des Hintergrunds ist etwas zu rötlich im Vergleich zum Original.

Ein klares Statement: Ausprobieren

Was ist nun mein Rat? Ganz klar: Materialien sammeln und ausprobieren! Eine gute Präsentation zu finden ist nicht immer einfach. Auch nach Jahren probiere ich noch aus. Die Erfahrung hilft, das richtige Mittel schneller zu finden, es garantiert aber keinen Erfolg beim ersten Mal. Es ist eben wie beim Fußball: Auch der Profi trifft nicht immer das Tor. Aber das stetige Üben und Ausprobieren neuer Techniken hilft dabei, besser zu werden.

Planst du, regelmäßig Arbeiten selbst anzufertigen, lohnt es sich, eine Ecke im Regal freizuräumen und sie mit Passepartouts, unterschiedlich farbigen Papieren, Druckmustern und Kartons zu füllen. Mit ein paar Gläsern, Klammern, etwas Kleber und einem Paar Seidenhandschuhen liegt die Investition bei ca. 50 €. Dafür kann man dann kurzfristig und umfassend vorauswählen und so Fehlkäufen vorbeugen.

Erstausstattung:

- Passepartouts in Standardformaten ab 1,50 €
- Kaschierpappe/Bastelkarton ab 0,99 €
- Druckmuster je nach Hersteller gratis, sonst ab 10,00 €
- Seidenhandschuhe ab 3,00 €
- Kaschierfolie Neschen Gudy 10 m ab 34,99 €

Ein Papier für alle Fälle

Gleichzeitig ist es hilfreich, ein Papier zu haben, das alle Anforderungen im Alltag besteht. Für uns ist das ein Premium Luster Papier, auf dem wir sämtliche Testlayouts drucken. Bestellen wir eine größere Menge Bilder extern, wählen wir auch dort ein Luster-Papier, sodass wir gleichwertige Tests vorliegen haben, sollten wir mal etwas nachdrucken müssen. Denn nichts ist unfairer, als ein 9-Cent-Drogeriemarkt-Print neben einem hochwertigen FineArt-Druck.

Sind wir mitten im Prozess, kommt es auch vor, dass wir etwas hochwertigeres, beschichtetes Kopierpapier bestellen und die Bilder kostengünstig über den Laserdrucker printen. An diesem Punkt ist uns Qualität noch egal, Bildwirkung und Inhalt stehen im Vordergrund.

Möchten wir mit Rahmen arbeiten, bietet es sich an, einen Testdruck mit zum Rahmenhändler zu nehmen. Der hat zahllose Rahmenecken vorrätig, die wir testweise auf unseren Druck legen können, um zu entscheiden, ob die Rahmen-Bild-Kombination passt.

Selber drucken oder drucken lassen?

Noch vor 20 Jahren hätte man diese Frage nicht ernsthaft stellen können. Ich erinnere mich noch an die ersten Inkjetdrucker, deren Farbechtheit, Schärfe und Kontrastmöglichkeiten die Haltbarkeit einer Tageszeitung nicht überstiegen. Heute ist das anders.

Für kleines Geld gibt es fantastische Drucker, mindestens bis A3. Möchte man größer drucken, wird es etwas teurer. Im Vergleich zum nächsten Canon L-Objektiv, sind Drucker allerdings immer noch ein Schnäppchen.

Aufgrund der Verpackungsgrößen ist es häufig so, dass A2-Drucker im Unterhalt deutlich günstiger sind. Die Stabilität der Druckertinte ist inzwischen so gut, dass der Druckkopf nicht nach drei Wochen den Geist aufgibt, bewegt man ihn mal ein paar Tage nicht. Alles in allem ideale Voraussetzungen für die eigene kleine Druckwerkstatt.

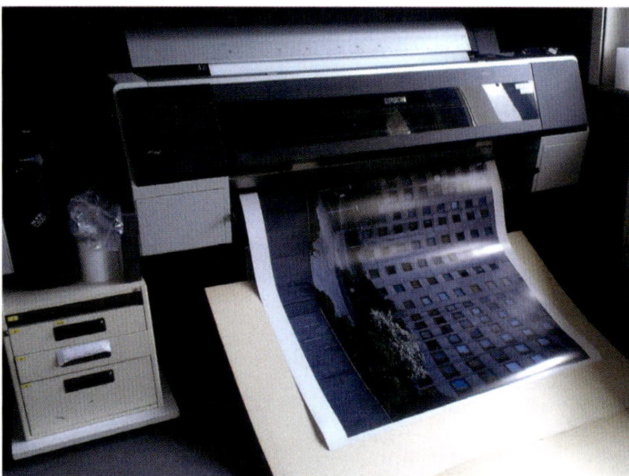

Druck meiner Arbeit »Affenfelsen« in 125 x 100 cm. Die Anschaffung eines solchen Großformatdruckers ist nicht notwendig für die meisten Anwender. Ein Drucker bis A2 ist für die meisten Anwendungen ausreichend.

Eine gute Alternative sind auch Farblaserdrucker. Sie produzieren keine hohe Bildqualität, sind aber für alle Auswahlzwecke uneingeschränkt nutzbar und extrem günstig im Vergleich zu Inkjets. Einen FineArt-Druck wird der Laser zwar nicht anfertigen können, das ist allerdings auch nicht seine Aufgabe.

Es bleibt ein Für und Wider und trotz allem eine Budgetfrage.

Hier noch einmal zusammengefasst:

1. Drucke ich einmal im Monat ein Bild aus, fahre ich mit einem guten FineArt-Druck vom Online-Drucker des Vertrauens am günstigsten.
2. Wechsle ich im Haus häufig Bilder aus und achte darauf, stetig die richtigen Bildträger für meine Fotografien haben zu wollen, und mache gelegentlich Auswahlen, ist ein Inkjet-Drucker sicherlich die richtige Wahl.
3. Drucke ich kaum FineArt-Bilder, editiere allerdings ständig mehrere hundert Aufnahmen, ist die Anschaffung eines Farblaserdruckers eine sinnvolle Überlegung.

Digitale Präsentationsformen – begrenzt mit unbegrenzten Möglichkeiten

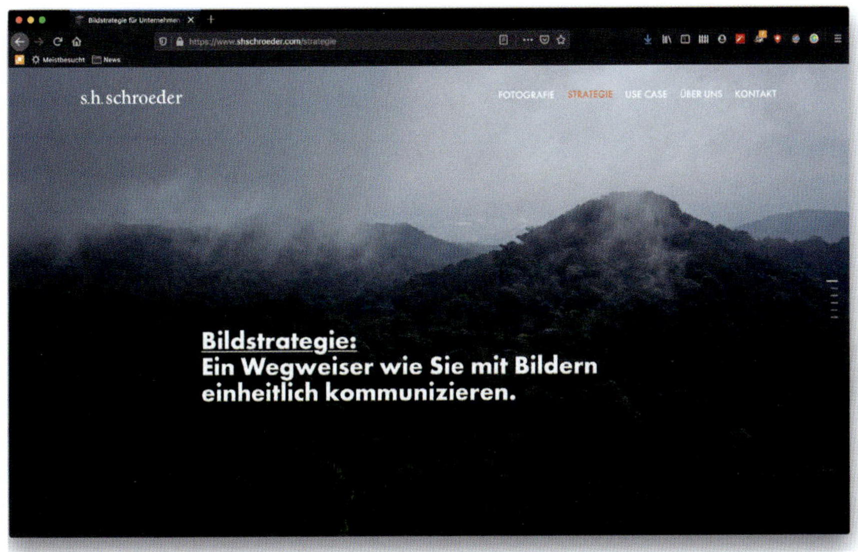

Screenshot meiner Website www.shschroeder.com
Vollformatige Bilder sind heute keine Seltenheit mehr.

Bildpräsentation im Internet ist heute der Standard. Es gibt keinen schnelleren und effektiveren Weg, Fotos einer breiten Masse zur Verfügung stellen zu können. Das ist gut, birgt jedoch auch Gefahren: Wir haben keine Kontrolle über die Farb- und Kontrastdarstellung von fremden Monitoren, über Auflösung und die exakte Ansicht auf dem Endgerät. Und wir wissen nicht, unter welchen externen Einflüssen die Bilder betrachtet werden. Das Präsentieren im Netz gleicht der Büchse der Pandora und ist im Vergleich zu allen anderen Präsentationsformen die mit den größten Kompromissen.

Im Folgenden erarbeiten wir, wie Bilder aktuell im Web miteinander sprechen. Die Standardmöglichkeiten wie Einzelbild, Bildpaar, Triptychon etc. werden nicht noch einmal gesondert erläutert. Vielmehr behandeln wir Slideshows und scrollbare Präsentationen. Es ist erstaunlich, wie kleine Änderungen im Design völlig andere Präsentationsmöglichkeiten eröffnen.

Slideshow

Die Slideshow ist ein Präsentationsklassiker im Web. Per Klick auf das Bild kommt man zur nächsten Aufnahme, mit Klick auf die Seitenpfeile können wir ebenso navigieren. Die Bildkorrespondenz liegt hier ähnlich wie bei einer klassischen Diashow zwischen dem vorangegangenen Bild und dem nächsten Bild.

Stehen die Bilder so kurz, dass man sie erfassen kann, aber nicht so lange, dass sie langweilig werden, kann anhand der Slideshow wunderbar eine Bildgeschichte entstehen. In der Regel ist eine gute Dauer ca. 3–4 Sekunden.

Je länger die Slideshow steht, desto geringer wird die Korrespondenz zum Vorbild und zum Nächsten. Eine lange Standzeit kann sogar dazu führen, dass der Betrachter schon vor dem »Umschalten« weiß, dass das kommende Bild nicht zum aktuellen gehören wird.

Anwendungsbeispiel:
Besonders gut funktioniert dieses Prinzip auf Startseiten-Bannern, die auf jedem Slide eine neue Markenbotschaft vorstellen oder auf unterschiedliche Unternehmensbereiche hinweisen.

Bild 1 steht einige Sekunden, um es dem Betrachter zu ermöglichen, sämtlichen Text zu lesen. Beim Übergang von Bild 1 auf 2 wird »erlernt«, dass die Slideshow-Bilder sehr lange stehen. Anhand stark variierender Ästhetik zwischen den beiden Bildern wird dann erklärt, »hier kommt immer ein neues Thema«. Steht die Slideshow erneut lange, wirken die folgenden Aufnahmen auf den Betrachter eher wie eine Sammlung von Einzelbildern als eine Geschichte.

Zu beachten ist, dass die ersten zwei bis drei Bilder notwendig sind, um dem Betrachter die Systematik beizubringen, wie die Bilder gelesen werden sollen. Klappt das nicht, kann man sich im Internet sicher sein, dass der Nutzer schon wieder weg ist, bevor es interessant wird.

Eine Slideshow mit Autoplay-Funktion ermöglicht es dem Betrachter, sich entspannt zurückzulehnen und so etwas wie einen Film zu schauen. Wann ich jedoch das letzte Mal eine Slideshow bewusst und in Ruhe durchlaufen lassen habe, kann ich nicht mehr sagen. Es war ungefähr zu der Zeit, als Stein und Meißel adäquate Schreibwaren waren. Mit anderen Worten: Einfache Slideshows mit Autoplay sind etwas aus der Mode gekommen, wenn sie denn jemals in Mode gewesen sind.

Slideshow mit zwei oder drei sichtbaren Bildern

Gern gesehen ist auch eine Slideshow mit drei sichtbaren Bildern. Zu Beginn der 10er-Jahre erreichte diese Präsentationsform ihren Zenit, als viele Menschen begannen, das Internet nicht nur vertikal, sondern auch horizontal zu verstehen. Die Nutzerfreundlichkeit hatte hier von Anfang an immer etwas von »trial and error«. Häufig klickte man auf das mittlere Bild und es passierte nichts. Beim Klick auf das rechte Bild sprang die Navigation ein Bild weiter.

Bei anderen Varianten war der Klick auf das mittlere Bild schon der Übergang zum nächsten und der Klick auf das rechte veranlasste die Slideshow, zwei Bilder rüberzurutschen. Bis heute gibt es keine eindeutige Lösung für das Problem, weshalb sie aktuell zu den weniger genutzten Präsentationsvarianten im Netz gehört.

Der Vorteil an dieser Präsentation ist, dass mehrere Bilder stets im Dialog zueinanderstehen. Es kann so viel schneller durchschaut werden, ob es sich um eine Sammlung oder eine Geschichte handelt. Der Betrachter erhält unmittelbares Verständnis von dem, was er erwarten kann.

Die Gefahr liegt in der Pfadabhängigkeit, die anhand der zwei bleibenden Aufnahmen entwickelt wird. Schiebt sich die Navigation stets um ein Bild zur Seite, bleiben zwei Bilder stehen, die idealerweise ähnliche inhaltliche oder formale Bildmerkmale aufweisen. Das hat zur Folge, dass die neu hinzugekommene Aufnahme wiederum ähnlichen Gestaltungsgesichtspunkten entspringt, schließlich sollen die vorliegenden Bilder ja zueinander passen. Bewegt sich die Slideshow wieder nur ein Bild weiter, bleiben immer noch zwei ähnliche Bilder sichtbar. Wir erhalten eine Pfadabhängigkeit von den ersten drei Aufnahmen der Reihe. Für Sammlungen ist das eine super Sache, für ästhetisch variable Serien eher nicht.

Feste Triptychen, d. h. drei Bilder nebeneinander ohne Navigation, sind hingegen eine der am häufigsten genutzten Bildkorrespondenzen. Da die Funktionsweise der aus dem Kapitel Ausstellungsvarianten ähnelt, gehe ich auf die Wirkungsweise nicht noch einmal gesondert ein.

Slideshow 3D

Diese Variante der Slideshow mit drei Bildern ist ein Hybrid aus den ersten beiden Slideshow-Varianten. Sie wirkt deutlich »moderner« in der Ansicht als eine einfache Slideshow und ist einfacher nutzbar als die obige Version. Klicken wir auf eines der halb versteckten Bilder, verändert sich unser zentrales Bild. Die Pfeile sind auf den ersten Blick einleuchtend und unterstützen die Navigation.

Diese Darstellungsvariante gibt dem Betrachter eine Übersicht über seinen Standpunkt innerhalb der Bildserie. Er erfährt, dass es ein vorheriges Bild gibt und ein nachfolgendes. Für eine lange Erzählung ist diese Verortung durchaus sinnvoll. Gleichzeitig erhält der Betrachter eine Referenz, was im vergangenen Bild passiert ist, und bekommt einen Ausblick auf das, was noch passieren wird.

Auch diese Darstellungsoption hat ihren Höhepunkt schon hinter sich, seitdem Apple mit iOS 7 die Ära des Flat Designs eingeläutet hat.

Horizontaler Scrollweg

Der horizontale Scrollweg ist im Bereich des Horizontalen der Status quo. Mittels Trackpad lassen sich die Bilder einfach verschieben, auch horizontale Scrollräder auf Mäusen sind möglich. Sonst kann man zum Weiterkommen einfach klicken, halten und seitlich schieben, um die Navigation voranzutreiben. Genauso verhält es sich auch auf mobilen Geräten, dann mit Fingergeste.

Die Nutzerfreundlichkeit und die natürliche, horizontale Richtung machen diese Präsentationsform aktuell so erfolgreich. Mit Fingergeste kommen Nutzer schnell weiter, die Nutzer bestimmen die Geschwindigkeit damit selbst, ein eindeutiger Vorteil für den Nutzer gegenüber den vorgenannten Varianten.

Die geringen Bildabstände und die Schnelligkeit, mit der Bilder betrachtet werden können, verlangen es vom Fotografen, seine Geschichten eher filmisch zu denken. Schnelle Anknüpfungspunkte, klare Handlung, guter Spannungsbogen – drei Kernelemente, die für eine erfolgreiche Nutzung Voraussetzung sind.

Ein Nachteil in Zeiten des mobilen Internets ist die Nutzung auf hochformatigen Geräten. Eine Seite, die vollständig im Querformat, also horizontal, funktioniert, ist auf Mobiltelefonen entweder sehr klein oder nicht schön zu nutzen. Daher wird in der Regel ein responsiver, mobiler »Umbruch« einprogrammiert, der den horizontalen Scrollweg umbaut und ihn gegen einen vertikalen Scrollweg ersetzt. Der Worst Case für eine einheitliche Nutzererfahrung.

Vertikaler Scrollweg

Der vertikale Scrollweg kommt der eierlegenden Wollmilchsau am nähesten. Er funktioniert intuitiv über das Scrollrad der Maus und läuft auf stationären Rechnern ebenso flüssig wie auf mobilen Geräten. Allerdings, und das ist ein großes Minus, ist die Erzählrichtung, von oben nach unten, wenig natürlich. Unser ganzes Leben findet horizontal statt. Wir sehen querformatig und unsere natürliche Leserichtung ist von links nach rechts (in Mitteleuropa).

Die Bildkorrespondenzen, die üblicherweise von links nach rechts wirken, funktionieren nicht zwangsläufig auch von oben nach unten.

Keine andere digitale Präsentation wird so schnell wahrgenommen wie diese. Wir sind pausenloses Scrollen gewöhnt. Der schnelle Finger über dem Facebook-Newsfeed oder dem Instagram-Feed haben uns trainiert, nur dort kurz anzuhalten, wo etwas Interessantes auf uns wartet. Aus diesem Grund bedarf es für vertikales

Scrollen einer optimalen Erzählstruktur. Der Leser möchte bei Laune gehalten werden und benötigt gute Gründe, warum er nicht schnell weiterscrollen soll.

Je filmischer, desto besser, kann man hier ohne Hemmungen konstatieren. Eine gelungene Dramaturgie nimmt uns an die Hand und hilft uns, als Betrachter den Fokus zu halten.

Nutzerfreundlichkeit
Die Nutzerfreundlichkeit hört dort auf, wo nicht klar wird, in welche Richtung gescrollt werden soll. Sich entweder für horizontales oder für vertikales Scrollen zu entscheiden, ist Voraussetzung für eine gute Nutzererfahrung.

Bildblöcke
Die starke Rasterung wirkt auf den Nutzer so, dass er das Raster als solches wahrnimmt, ehe er die zugrunde liegenden Bilder einzeln aufschlüsselt, ganz ähnlich der Tableauhängung. Der Nutzer erhält einen Überblick über das Ganze, verpasst dabei aber das Detail. Ideal für Portfolios, Sammlungen oder Typologien. Überall dort, wo man eher ein Gefühl für eine Form der Ästhetik mitnehmen soll als wahren Inhalt. Für Geschichten eignet sich diese Präsentation eher weniger, da die Leserichtung unklar ist, ob von oben nach unten oder von oben nach rechts begonnen wird.

Ist ein solches Raster scrollbar, ist es in der Regel vertikal scrollbar. Wir kennen diese Variante insbesondere von Instagram oder anderen Portfoliowebseiten.

Add on: Ein Hoch ist ein Quer, ist ein Hoch, ist ein Quer – Bildformate in Zeiten von Responsivität

Seitdem Smartphones und Tablets sich weit verbreitet haben, ist Bewegung im Bildformate-Universum. Während vorher geklärt war, dass Webseiten dem Format eines handelsüblichen Monitors, also 4:3 oder 16:9, entsprechen oder sogar noch breiter sind, z. B. für Banner, ist heute überhaupt nichts mehr eindeutig. Ein vormals querformatiger Banner muss heute auch im Hochformat wirken, Videos werden hochformatig aufgenommen und sehen plötzlich auf dem Desktop-Computer mit seinem Querformat fürchterlich aus. Wir müssen unser Bildmaterial also an die Begebenheiten anpassen, um den Betrachtern ein ideales Nutzererlebnis zu ermöglichen. Bleiben wir beim Beispiel Website-Banner.

Während die Banner früher sehr breit waren, damit auf dem ersten Viewport noch möglichst viel sonstiger Inhalt sichtbar ist, sind heute breitere Aufmacherfotos üblich, manchmal sogar vollformatige. Diese sind auf dem Desktop nach wie vor im Querformat abgebildet.

Da ein guter Teil der Nutzer allerdings nur noch mit dem Mobiltelefon unsere Website betrachtet, müssen wir eine Entscheidung treffen. Entweder der Aufmacher wird klein und füllt mobil nur ein Viertel unseres Screens aus oder der Bildausschnitt selbst verändert sich durch eine responsive Formatierung der Website. Diese Variante wird zunehmend mehr genutzt. Eine große Herausforderung für uns Fotografen: Wir müssen Bilder aufnehmen, die im Quer- wie im Hochformat funktionieren. Damit dies funktioniert, müssen wir idealerweise schon beim Fotografieren auf eine funktionale Bildgebung achten. Diese lautet wie folgt:

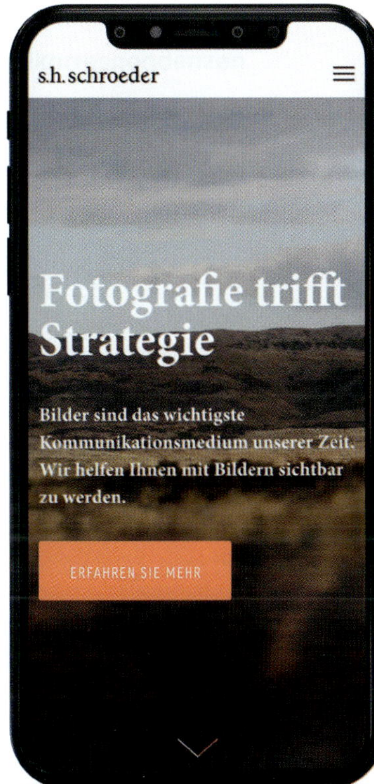

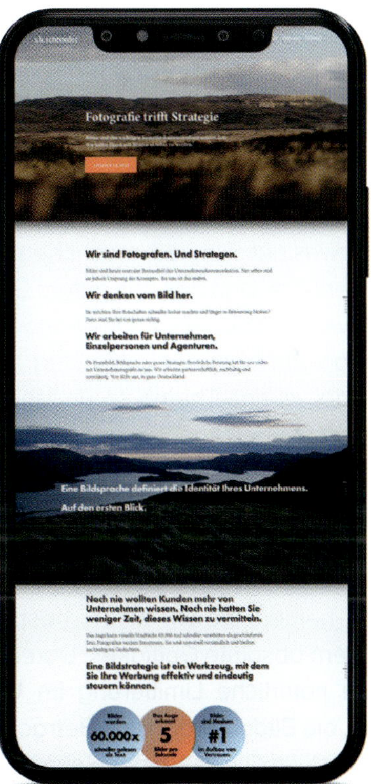

Die Website www.shschroeder.com links in der korrekten Mobilversion mit sich verändernden Bildausschnitten (AutoFill). Rechts wird die Seite einfach skaliert. Das wird mobil heute nicht mehr gerne gesehen. Google straft Websites, die lediglich für den PC optimiert sind, heute sogar mit schlechteren Suchergebnissen ab.

gebendes Merkmal mit den Bildern verknüpft. »Warum müssen die Bilder so weit voneinander entfernt sein? Vielleicht sind sie Gegenteile voneinander« ist ein denkbarer Ansatz, der beim Betrachter ausgelöst wird.

Eine weitere Korrespondenz besteht zwischen Vor- und Nachseite. Sprich: Blättere ich um, versuche ich zunächst das nächste Bild mit dem vorherigen in Verbindung zu bringen. Allerdings ist diese Verbindung mitnichten so fest wie die auf gegenüberliegenden Seiten. Möchten wir eine Geschichte zusammenhalten, sollten wir stets darauf achten, dass die Seitenübergänge mit Bildern arbeiten, die gut zusammen funktionieren würden.

Möchte man Bilder nicht korrespondieren lassen, müssen wir zu einem anderen Mittel greifen: Weißraum.

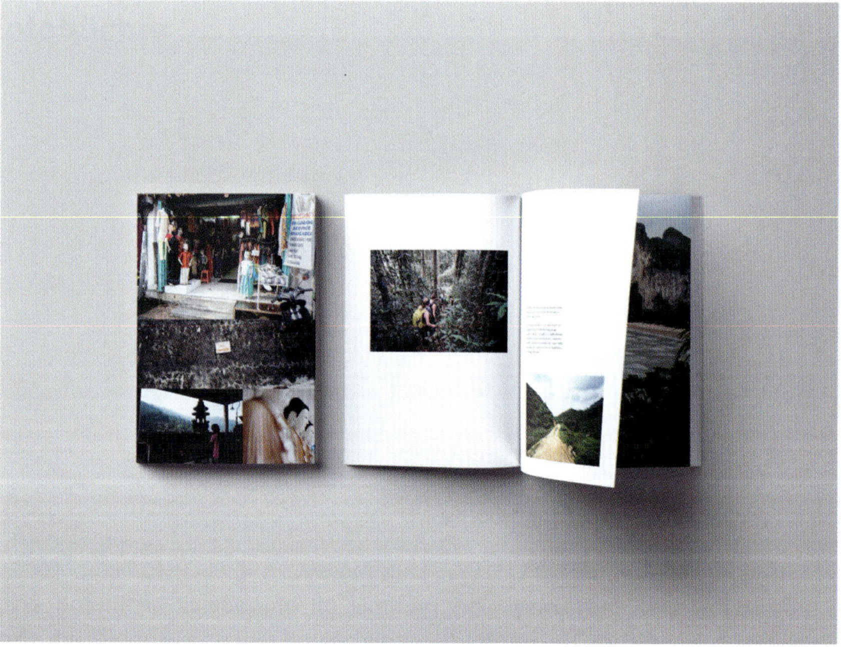

Links ein viel zu volles Cover – es wirkt unruhig und unsortiert. Die Doppelseite mit viel Weißraum erzeugt eine ruhige Bildwirkung, obwohl das Bild links an sich sehr unruhig wirkt. Weißraum kann Bilder also beruhigen und fehlender Weißraum ruhige Bilder unruhig wirken lassen.

3. Weißraum ist kein verschwendeter Raum

Wie schon im Abschnitt Ausstellungen beschrieben, ist Weißraum ein essenzieller Faktor, um Bildern Wirkung zu verleihen. Ein Buch mit ausschließlich vollformatig gefüllten Seiten wirkt auf den Betrachter ermüdend. Gönne deinen Lesern eine Pause und erzeuge einen Rhythmus wie in der Musik. Volle Action, moderate Geschwindigkeit, Pause o. Ä., denn auch das Auge benötigt Raum zum Ausruhen.

Möchten wir eine gezielte Trennung schaffen, können wir eine Leerseite einbauen. Diese verstärkt die Wirkung des Bilds auf der gegenüberliegenden Seite maximal. Gleichzeitig kann sie auch einen neuen Gedankengang ankündigen oder als Übergang von Akt zu Akt dienen.

4. Grafiker sind unsere Freunde

Jeder sollte das machen, was er gut kann. Wir Fotografen können gut fotografieren und Bilder auswählen. Wir haben auch Ideen, wie Bilder inhaltlich innerhalb eines Buchs gut wirken können. Wir haben aber nicht das Knowhow, wie man ein gutes Raster anlegt, ideal layoutet oder eine Reinzeichnung macht.

Solltest du über eine Veröffentlichung nachdenken, hole dir einen befreundeten Designer an Bord. Die wissen, was sie tun und beraten dich sicherlich gerne, um dein Buch erfolgreich umzusetzen.

5. Die Arbeit mit Freunden besprechen

Dieser Punkt gilt uneingeschränkt für alle Formen der Bildverarbeitung, Bildbesprechung, Ausstellungserstellung oder Buchproduktion. Das Künstlergenie, das alles alleine macht und einen Geistesblitz nach dem Anderen hat, gibt es nicht.

Hole dir Rückmeldungen zu deinen Ideen ein. Für mich ist ein gutes Maß an Diversität wichtig. Die Familie könnte einem zu sehr nach dem Mund reden, Freunde können zu hart sein, speziell wenn sie gegenseitig im Wettbewerb stehen (wer macht die besseren Fotos?). Sehr stark geschulte Fotografen können zu detailverliebt ins Handwerk sein, Newcomer viele Dinge übersehen. Ein gesundes Mittelmaß und die Kombination all dieser Meinun-

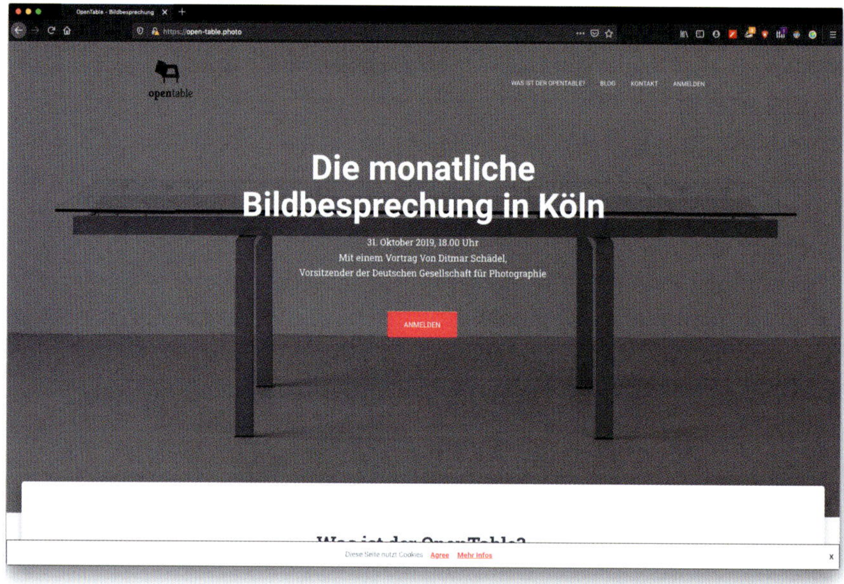

Website der Veranstaltungsreihe OpenTable: www.bildbesprechung.de

gen helfen uns, die richtige Entscheidung für unsere Arbeit zu treffen. Wir erhalten ein Meinungsbild und wir selbst können anschließend entscheiden, was wir für richtig halten, niemand anderes.

Mit einer Ausnahme: Ein professioneller Kurator ist Gold wert. Er ist in der Lage, differenziertes Feedback zu geben, kann antizipieren, wie ein Publikum auf die Arbeit reagiert, und weiß auch, wie ein Layout wirkt. Meinst du es also ernst, kann ein Anruf bei einem Kurator sein Geld definitiv wert sein.

Ein guter Ort, sind auch lokale Bildbesprechungsabende wie unser OpenTable in Köln. Seit mehreren Jahren veranstalte ich monatlich eine offene Bildbesprechung für alle interessierten Fotografen. Teilnehmer sind Profis und Amateure, die gerne mehr über das Auswählen von Bildern erfahren möchten und einen offenen Austausch über ihre Arbeiten suchen. Falls du mal vorbeikommen möchtest, kannst du dich über diesen Link informieren: *www.bildbesprechung.de*. Schau einmal im Internet, ob es so etwas vielleicht auch in deiner Region gibt.

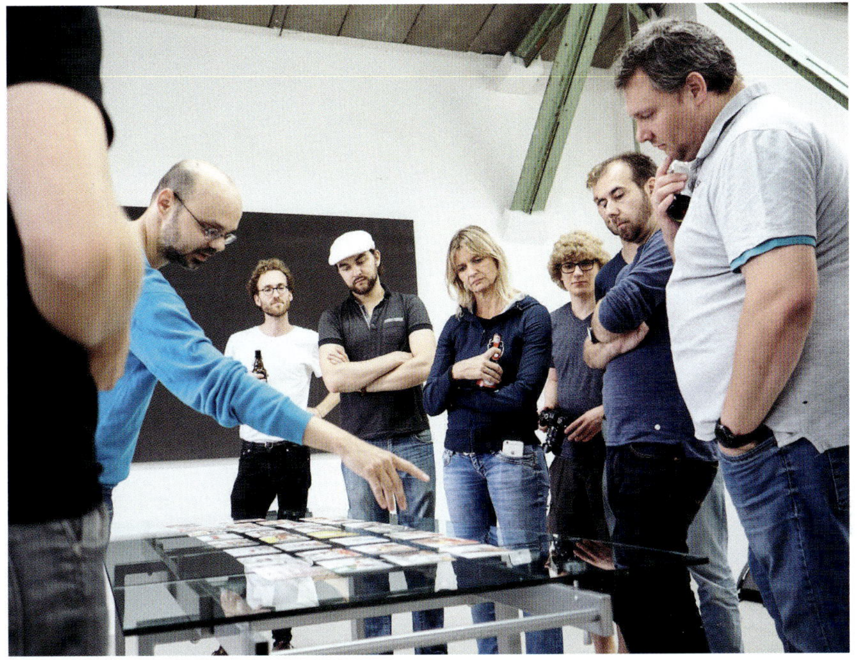

Ein Teilnehmer stellt seine Arbeit beim OpenTable den anderen Gästen vor.

10.

WORKFLOW-VORSCHLÄGE

Der beste Workflow nützt nichts, wenn die Rahmenbedingungen nicht stimmen. Bis hierhin haben wir eine Menge Methoden, Prozesse und Formalien gelernt. Wie all das zusammenkommt und in welcher Reihenfolge wir was erledigen, darüber sprechen wir in diesem Abschnitt.

Tretbootverleih in laotischer Landschaft während der Trockenzeit

Jeder nutzt Auswahlwerkzeuge anders. Und das ist auch gut so.

Den im Folgenden beschriebenen Workflow habe ich über die vergangenen zehn Jahre entwickelt und immer wieder angepasst. Lange Zeit habe ich mal so und mal anders gearbeitet. Zuerst die Fähnchen, dann die Sterne oder eben umgekehrt. Das hat auch gut funktioniert. Zumindest solange ausschließlich ich alleine damit arbeiten musste. Einmal jährlich habe ich mich dann beim obligatorischen Archivmarathon über meine Inkonsequenz ärgern müssen, aber damit konnte ich gut leben. Seitdem ich meine Auswahlen mit Mitarbeitern und Kunden teile, hat sich die Systematik jedoch zugunsten eines angenehmeren Arbeitsklimas gefestigt.

Zunächst werden wir ein kurzes Wort über das grundsätzliche Verfahren verlieren, ehe wir über den Auswahl-Workflow sprechen. Zuletzt lernen wir anhand von Projektbeispielen die richtige Reihenfolge in der Methodik.

Auswahlverfahren

Liegt eine große Menge an Bildern vor uns, haben wir zwei Möglichkeiten, mit dem Auswahlprozess zu beginnen: Entweder reduzieren wir die Menge der Bilder, indem wir entscheiden, welche nicht passen. Oder wir legen alle nebeneinander und suchen diejenigen heraus, die geeignet sind.

Negativ auswählen

Bei negativen Auswahlen entscheiden wir, welches Bild unpassend oder nicht zweckgemäß ist. Negative Auswahlen helfen zunächst dabei, Luft zu schaffen und sich vom großen Ganzen zu trennen. Von allen fotografierten Bildern entfernen wir diejenigen, die wir ganz eindeutig nicht haben möchten. Das können unscharfe, überbelichtete oder im Motiv verfehlte Aufnahmen sein. Alle Bilder, die »weg können«, erhalten eine entsprechende Markierung.

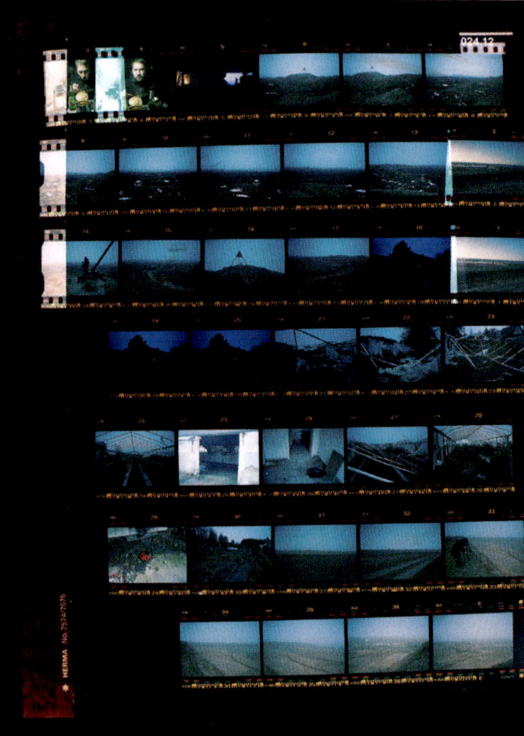

Bei Kontaktabzügen fehlte früher die Möglichkeit, negativ auszuwählen. Es waren stets alle 36 Aufnahmen auf dem Bogen. Es gab stets nur eine Auswahl für etwas. Die digitale Technik hilft uns, Bilder einfacher auszuwählen.

Im Zweifel bleibt ein Bild stets unangetastet. Sprich: Sind wir uns nicht sicher, erhält das Bild keine negative Markierung, sodass es für die nächsten Auswahlrunden im Rennen bleibt.

Meist beginne ich mit mindestens einer Runde negativ auswählen, um zu sehen, was da ist und wie viel davon annehmbar. Auch im späteren Prozess, wenn die verbliebenen Bilder dran glauben müssen, hilft es, mit negativen Auswahlen zu arbeiten.

Positiv auswählen

Bei positiven Auswahlen definieren wir, welches Bild wir gut finden. In jeder Auswahlrunde erhält das Bild eine höhere Bewertung. Positive Auswahlen sind bei großen Mengen Bildern deutlich schwieriger zu treffen als negative.

Wir suchen nach der Nadel im gesamten Heuhaufen, anstatt den Haufen Stück für Stück abzutragen und geordnet zu durchsuchen.

Ich rate dazu, immer nur eine Variante gleichzeitig zu nutzen. Vermischt man beide Auswahlvarianten, setzt mal ein positives Häkchen und mal ein negatives, ist die Chance zu groß, dass wichtige Aufnahmen entweder nicht oder sogar falsch markiert werden.

Mit der Vermischung von Auswahlvarianten entsteht gleichzeitig ein weiteres Problem. Entfernen wir ein Sternchen und fügen an anderer Stelle eins hinzu, wie ist dann das Bild bewertet, das gar keine Bewertung hat bzw. in der Mitte liegt? Ist das dann gut oder okay? Wie können wir das Bild realistisch einordnen? Um diesem Dilemma aus dem Weg zu gehen, ist es am einfachsten, sich Schritt für Schritt für negative oder positive Auswahlen zu entscheiden.

Das Grundgerüst der Bildauswahl – der ideale Workflow

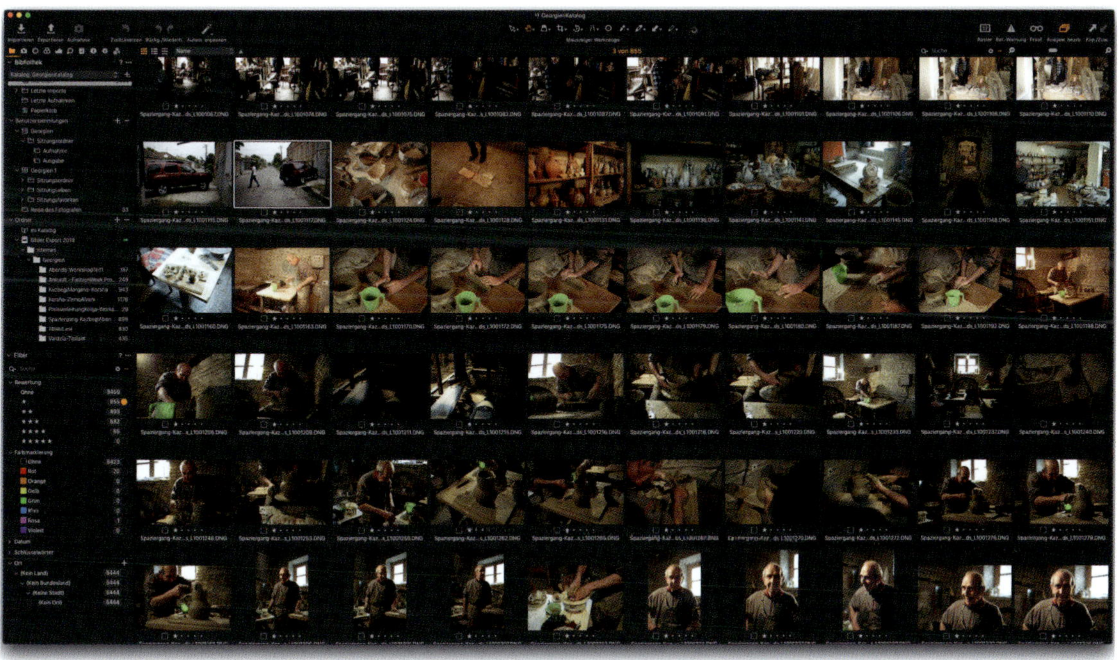

1. Bilder sichten

Im ersten Schritt sichten wir die Bilder, um einen groben Überblick über das gesamte Geschehen zu bekommen. Wir sortieren alle Bilder aus, die technisch unzulänglich und inhaltlich völlig daneben sind. Alles andere bleibt erst einmal. Diese Auswahl ist sinnigerweise eine Negativauswahl.

Um korrekt zu arbeiten, versehe ich zunächst alle Aufnahmen mit einem Stern. Alle auszusortierenden Bilder verlieren ihren Stern wieder.

2. Nach Motiven sortieren

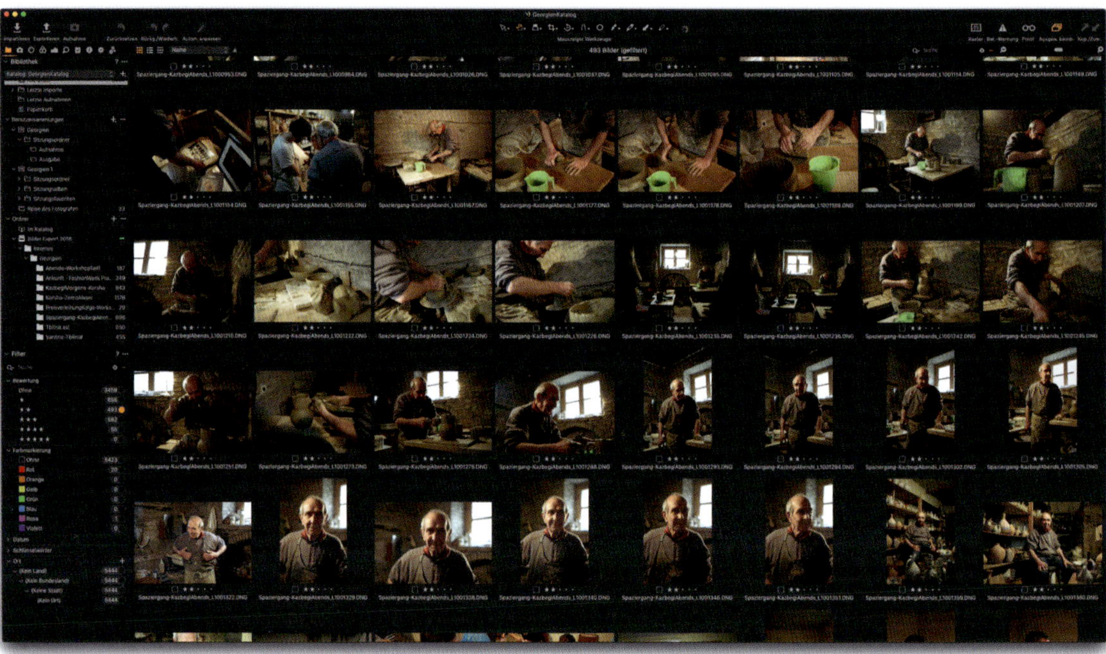

Im zweiten Schritt erhalten alle verbliebenen Bilder einen zweiten Stern. Wir sortieren parallel dazu nach Motiven. Je nach Software kann man auch Stapel je Motiv anlegen. Damit verändern wir zwar die Reihenfolge, erhalten allerdings einen besseren Gesamtüberblick. Pro sortiertem Motiv reduzieren wir auf zwei bis drei Aufnahmen. Die aussortierten Aufnahmen verlieren ihren Stern wieder. Auch diese Auswahl ist also eine Negativ-Auswahl.

Lange war das Anpassen der Reihenfolge für mich ein Tabuthema. Speziell bei Reportagen, die chronologisch erzählt werden, hatte ich Skrupel, die natürliche Abfolge anzufassen.

Je tiefer ich jedoch in das Thema Bildauswahl einstieg, desto weniger Schwierigkeiten sah ich darin. Heute bin ich davon überzeugt, dass es sogar hilfreich ist, die chronologische Reihenfolge zu verändern.

a. Man kommt so schneller zu einer reduzierten Bildmenge.

b. Es ist für die Erzählung, zum Beispiel bei einer Hochzeitsreportage, unwichtig, ob das Bild, auf dem sich das Brautpaar glücklich anschaut, fünf Minuten vorher oder später gemacht wurde. Es sollte dort eingefügt werden, wo es inhaltlich passt. Zugunsten einer besseren Geschichte sterbe ich diesen Tod gerne.

3. Wenn möglich: Ausdrucken

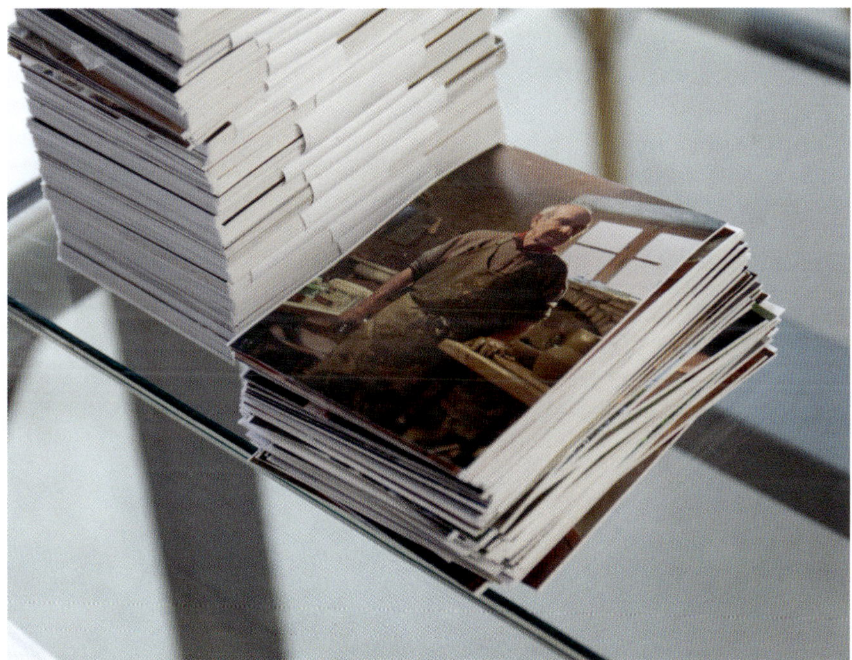

Wenn die Chance besteht bzw. es das Arbeitsumfeld zulässt, ist jetzt ein guter Zeitpunkt, um erste, kleine Prints der restlichen Bilder anzufertigen. Egal wie umfangreich ein Projekt ist, zwei bis drei Bilder pro Motiv als Alternativen zu haben, ist immer sinnvoll.

Nicht immer findet man beim ersten Auswählen direkt den richtigen Tenor, liegt beim Erzählrhythmus daneben oder findet die gewünschte Aussage. Für den weiterführenden Prozess öffnet sich so die Möglichkeit, auch mal einen Schritt zurückzugehen.

Begriffserklärung: Die Begrifflichkeiten »Auswählen« und »Editieren« sind synonym zu verwenden. Auch die Hauptwörter »Auswahl« und »Edit« können grundsätzlich austauschbar genutzt werden, da sie lediglich Deutsch/Englisch übersetzt sind

Hinweis:
Um einen Unterschied zwischen Auswahl am Computer und Auswahl am Tisch zu machen, habe ich mir angewöhnt, bei der Arbeit am Computer von Auswählen und beim Arbeiten am Tisch vom Editieren zu sprechen (wobei das vom Wortsinn her natürlich Quatsch ist). Hintergrund dafür ist, dass der Fachmann am Schluss vom »finalen Edit« spricht und das Editieren folgerichtig der letzte Schritt sein muss. Es ist natürlich nicht notwendig, diese Unterscheidung zu treffen, mir hilft es allerdings, zu wissen, wovon ich genau spreche. Ab hier wird daher auch in diesem Buch zwischen Edit und Auswahl unterschieden.

4. Festlegen auf ein Bild/Motiv – eins reicht

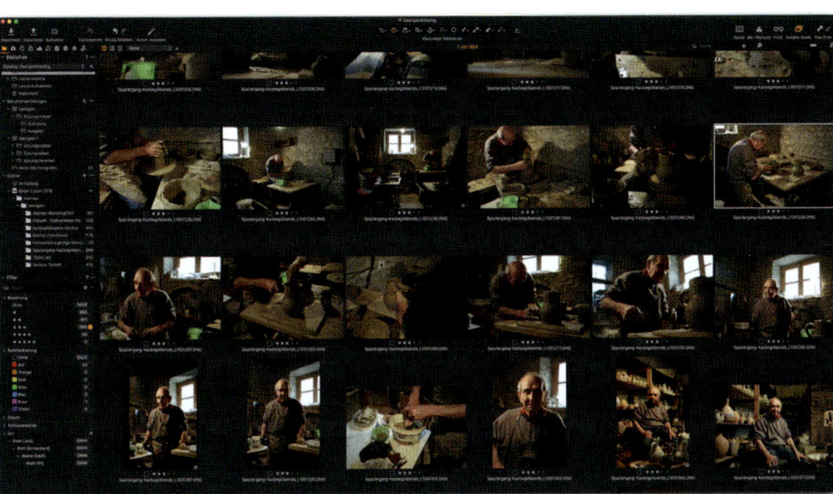

Der Titel dieses Buchs verrät es: Eins reicht. Es gibt nur sehr wenige Ausnahmen, in denen es sinnvoll ist, mehrere Bilder des gleichen Motivs mit in das finale Edit zu nehmen.

Alle, die es schaffen, erhalten einen weiteren, also den dritten Stern. In diesem Fall wählen wir positiv diejenigen Aufnahmen aus, die wir für besonders passend halten. Auch wenn die Bilder vorab ausgedruckt worden sind, tragen wir nach geschehener Auswahl die Sterne nach. Die können uns im Nachgang viel Sucharbeit ersparen.

5. Spätestens jetzt: Ausdrucken

Wenn es vorher keine Möglichkeit gab, die Bilder auszudrucken, sollte man es spätestens jetzt erledigen. Auch ich versuche in regelmäßigen Abständen wieder, mich darum zu drücken – meistens aus Zeitgründen oder aus der Überzeugung, dass es jetzt doch mal klappen müsste.

Nach Abschluss der Fotografiearbeiten für meine Georgien-Arbeit habe ich in Tiflis Tina Schelhorn, die Kuratorin des Buchs, getroffen und mit ihr über die Reise geplaudert. Tina ist eine der großen Kuratorinnen unserer Zeit, hat weltweit Ausstellungen gemacht und kennt beinahe jeden bekannten Fotokünstler persönlich.

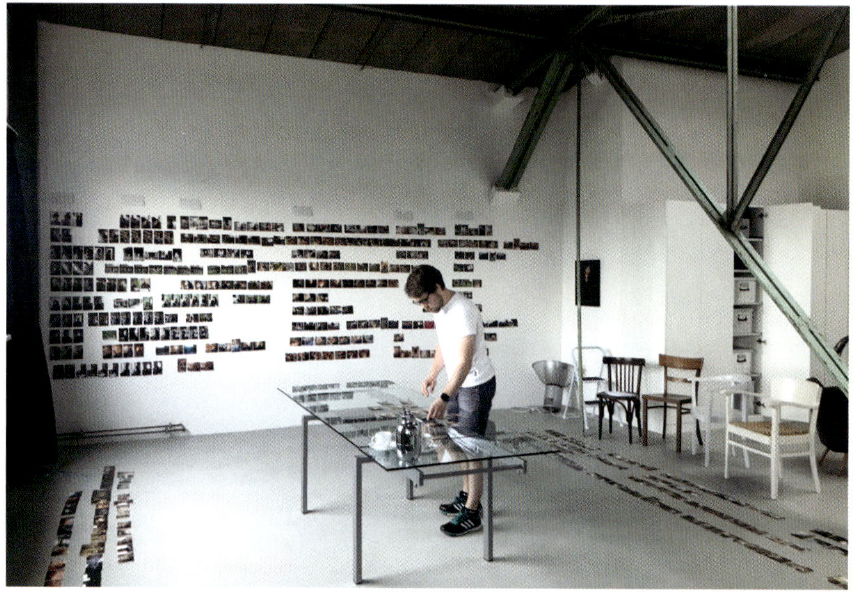

Bei der Erstauswahl meiner Georgien-Arbeit

Schnell waren wir bei meinen Bildern angekommen und ich überredete sie: »Ach komm, probieren wir mal am Rechner, ein erstes Edit zu erstellen. Das wird ja wohl möglich sein.« Schon nach wenigen Minuten resignierten wir, beinahe erleichtert: Es geht immer noch nicht so richtig gut.

Am gleichen Tag bestellte ich alle Fotos mit zwei bis drei Alternativen und ließ sie mir ins Studio senden. Als ich nach einem langen Flug am nächsten Morgen das Atelier erreichte, waren die Bilder bereits angekommen. Wenige Tage später war das Edit beschlossene Sache.

Einzelbilder können recht passabel über einen Monitor präsentiert werden. Selbst wenn zwei, drei Varianten einer Aufnahme zur Auswahl stehen, ist es möglich, diese nebeneinander noch gut wahrzunehmen.

Speziell beim ersten Auswählen von Varianten direkt nach dem Fotoshooting hilft die flexible Ansicht am Rechner. Doch spätestens, wenn Bildserien auszuwählen sind, gleicht es einer Herkulesaufgabe, den Überblick zu wahren. Mit jedem Bild, das es in die finale Auswahl schaffen möchte, werden auch die anderen Bilder auf dem Monitor kleiner. Sie lassen sich schwerer verschieben, man erkennt weniger Details. Wir verlieren ganz einfach den Überblick.

Manchmal ist es wichtig, auszuprobieren, ob ein einzelnes Bild einer längeren Bildreihe ausgewechselt werden muss. Um die Bildwirkung zu überprüfen, kann man ausgedruckte Fotografien einfach übereinanderlegen. Wir können sie darüber halten, wegnehmen, vielleicht sogar die Reihenfolge verschieben, ohne den Blick von der gesamten Arbeit zu verlieren und die veränderte Wirkung zu beobachten. Anders am Rechner.

Der digitale Weg entspricht einem Hürdenlauf von Ansichtswechseln und Auswahlklicks, ehe das Ziel für kurze Zeit in Blickweite ist. Häufig führt sogar erst mehrmaliges Hin- und Herwechseln, Drehen, Schieben oder Legen zur Erkenntnis, welche Aufnahme am besten passt.

Es ist einfacher, den Überblick zu bewahren. Man kann flexibel Bilder schieben und anhand eines Prints auch besser sehen, ob noch Änderungen technischer Natur vorgenommen werden müssen.

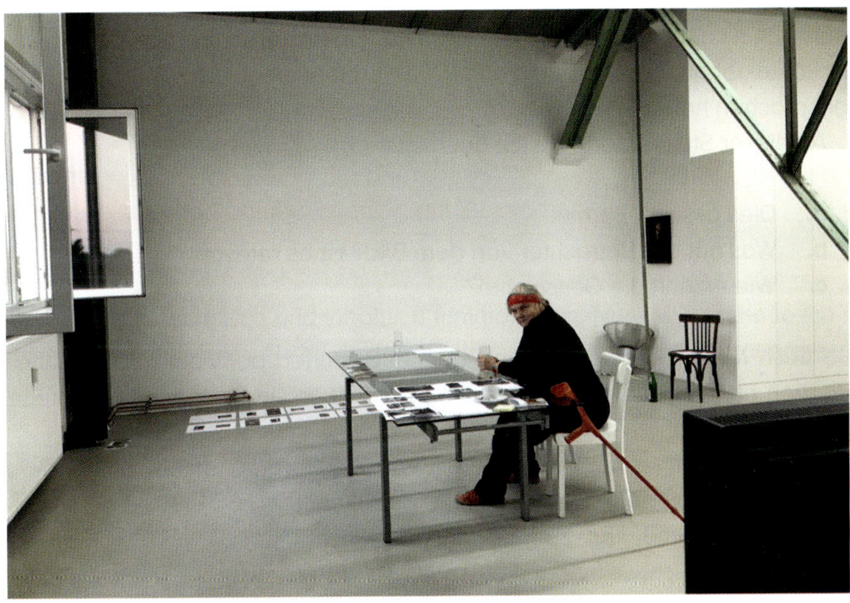

Nur wenige Tage später: die finale Auswahl mit Kuratorin Tina Schelhorn

3 Sterne

Motivvarianten des finalen Edits. Benötigen wir mal eine Bildalternative in der bestehenden Auswahl, schauen wir hier nach.

4 Sterne

Finales Edit, alle Fotografien gehören inhaltlich und ästhetisch zu den ersten, die wir heranziehen für zukünftige Nutzungen.

5 Sterne

Aufmacher, in der Regel nur ein oder zwei Fotos.

Ein bisschen Off-Topic-Technik am Rande – wie geht es weiter?

Sterne stehen bei uns immer für die Qualität der Motive, die Farben für den Entwicklungszustand. In den meisten Fällen bearbeiten wir alle unsere Fotos vor dem Ausdruck mit dem RAW-Konverter. Sprich: Alle drei Sterne-Aufnahmen sind bearbeitete RAWs.

Das finale Edit bekommt anschließend eine rote Farbmarkierung. Diese bedeutet »zu retuschieren«. Da bei uns im Studio unterschiedliche Leute zu unterschiedlichen Zeiten Bilder retuschieren, wird nach dem Abschluss der Bearbeitung die Farbigkeit auf Gelb gesetzt, was »fertig zur Freigabe« bedeutet.

Anschließend gebe ich die Bilder frei und markiere sie grün. Im Grunde also wie bei einer Ampel. Müssen noch Korrekturen gemacht werden, ändere ich die Farbmarkierung mit einem angehefteten Kommentar zurück zu Rot.

Sind alle Bilder eines Fotoshootings freigegeben und dementsprechend mit Grün markiert, kann der Versand durchgeführt werden. Alle zugestellten Bilder werden abschließend blau gekennzeichnet.

Egal ob großes Studio oder Einzelkämpfer, die Farbmarkierungen helfen ebenso wie die Sterne, den Überblick im Projekt zu wahren. Je größer ein Projekt wird, desto wichtiger der einheitliche Workflow, egal wie er aussieht.

Dopplungen finden – Bildwolken legen

In der Vorbereitung auf Workshops bitte ich alle Teilnehmer immer, möglichst viele Bilder mitzubringen. Auch Motivdopplungen und ähnliche Bilder. Zum Aussortieren ist ja der Workshop da.

Meist liegen dann ca. 200 Aufnahmen unsortiert vor uns. Die fotografierte Kirchturmspitze finden wir in drei Varianten, links oben, in der Mitte und unten rechts auf dem Tisch. Aus der Entfernung zu entscheiden, welches Bild am besten zum gewählten Zweck passt, ist schwierig. Also legen wir alle drei Bilder nebeneinander. Das machen wir so lange, bis alle Dopplungen beieinanderliegen. So weit, so einfach.

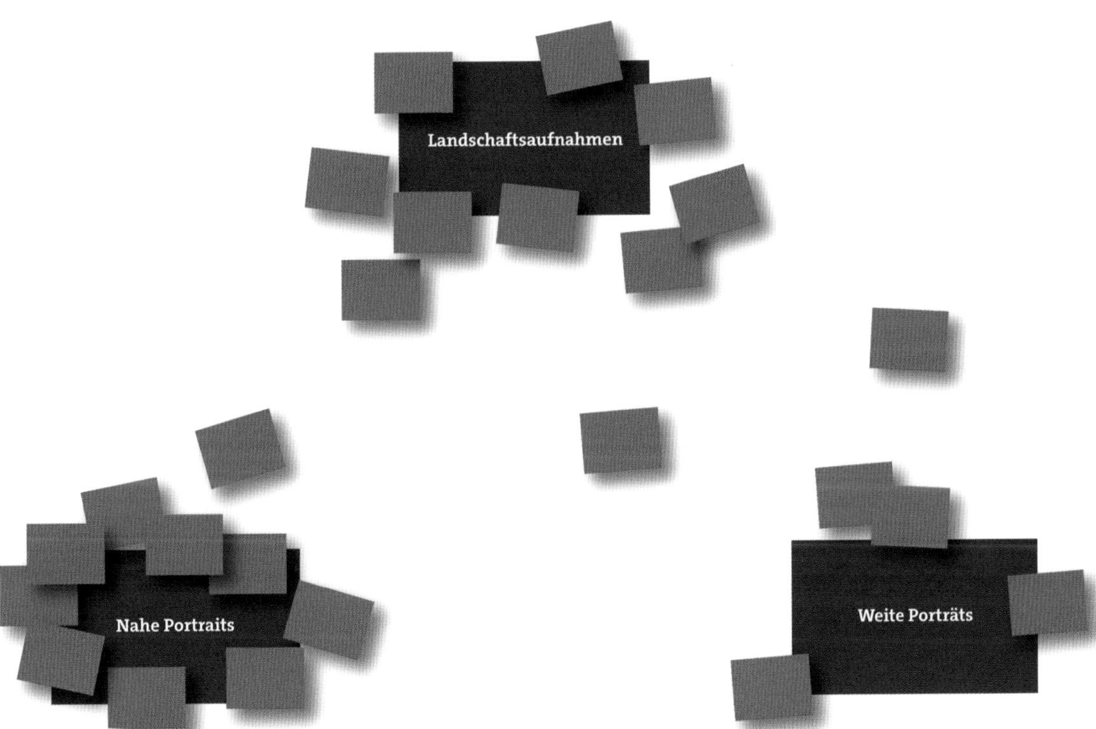

Drei Bildwolken zu Landschaften auf der einen Seite sowie Porträts auf der anderen Seite, diese sind aufgrund ihrer Machart zweigeteilt.

Im nächsten Schritt versuchen wir zu erkennen, welche inhaltlichen Themen oder ästhetischen Gemeinsamkeiten zusammenpassen könnten und welche sich diametral entgegenstehen.

Ein Teilnehmer brachte einmal eine Bildserie mit, die sowohl Landschaftsaufnahmen als auch Porträts beinhalten sollte. Gleichzeitig gab es Porträts, die nur den Kopf zeigten, und andere, die nicht nur den ganzen Körper, sondern auch etwas Umgebung zeigten. Ich unterteilte den Tisch in drei Segmente. Segment eins war für die Landschaftsaufnahmen gedacht, Segment zwei für die nahen Porträts und Segment drei für die weiten Porträts. Die Bilder, die nicht eindeutig einem der drei Segmente zugeordnet werden konnten, wurden in die Zwischenräume gelegt. Aus diesem Grund wurden die Segmente auch nicht nebeneinander, sondern in Form eines Dreiecks gelegt. Auf diese Weise können alle Bilder ihrer Ausprägung nach von extrem klar zu uneindeutig klassifiziert werden. Drei Bildwolken sind entstanden.

Wofür ist das gut?

Wir erhalten einen Überblick über Möglichkeiten. Hätte der Teilnehmer gewollt, dass eine gleichmäßige Verteilung von nahen und weiten Porträts entsteht, hätten wir aus der jeweiligen Wolke die besten herausfiltern können und wären sicher, im Wust der Bilder keines zu übersehen. Gleichzeitig bekommen wir einen guten Eindruck, welche formalen Mittel unter allen Bildern überwiegen oder welche womöglich vollständig anders sind und damit herausfallen.

Im obigen Beispiel sind die Bildwolken nach formalen Kriterien gelegt worden. Für formale Bildprobleme ist das sinnvoll. Je nachdem, wie viele Kriterien du findest, werden es mehr oder weniger Ecken, von mir gerne als Pole bezeichnet.

Bei inhaltlichen Bildproblemen kann es helfen, nicht auf das »wie«, sondern auf das »wo« oder »was« zu achten.

Haben wir eine eintägige Reportage fotografiert und möchten nun die fünf Orte chronologisch in der Serie platzieren, ist es zum Beispiel sinnvoll, von links nach rechts ortsgetreu zu sortieren. Fahr- und Transportbilder gehören in einen separaten Stapel. Diese können später zwischen die Orte gelegt werden.

Ähnlich wie bei einem Text, den man in Anfang, Mitte und Schluss einteilen kann, wird deinen Fotografien mithilfe von Bildwolken eine Struktur eingeschrieben, aus der du dich bedienen kannst, zur Legung einer fertigen Serie.

In den folgenden Abschnitten gehen wir ein paar übliche Fälle und Projekte durch, um die unterschiedlichen Kombinationsmöglichkeiten der Methoden kennenzulernen und ein Gefühl dafür zu bekommen, wie Theorie und Praxis zu verknüpfen sind.

Vollständig am Rechner auswählen – Beispiel Porträtkunde

Manchmal ist es nicht möglich, am Tisch mit ausgedruckten Fotografien zu editieren. Meist ist das bei der Arbeit mit Kunden der Fall. Für diesen Umstand möchte ich unseren Studioworkflow vorstellen.

1. Schnelles Sichten

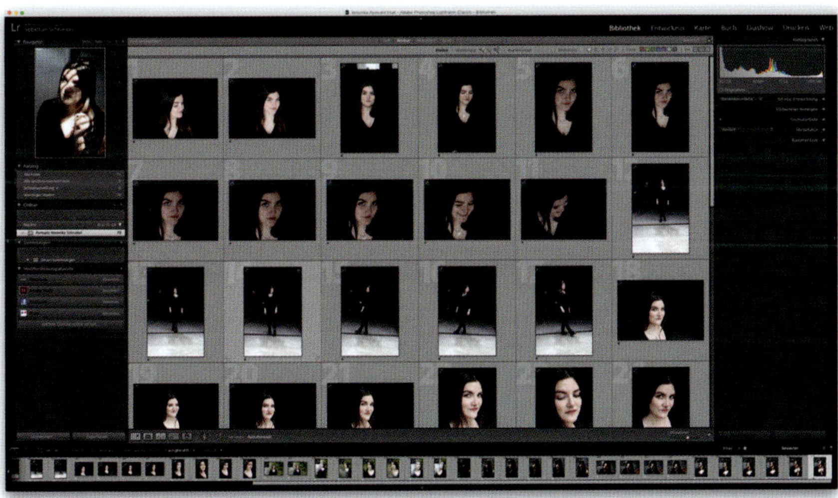

Diese Fotografien sind von der Grafikerin, die dieses Buch gestaltet hat, Veronika Schnabel, erstellt worden.

Bevor ein Kunde seine Fotografien zu Gesicht bekommt, wird die erste Sichtung durchgeführt, d. h. es werden alle unscharfen oder unpassenden Bilder (z. B. geschlossene Augen) aussortiert. Alle verbliebenen Aufnahmen erhalten vorab, wie auch beim ersten Workflow, einen Stern.

Stellen wir uns vor, wir sitzen mit einem Kunden vor einem Dutzend Porträts am Rechner.

2. Gruppierte Auswahl

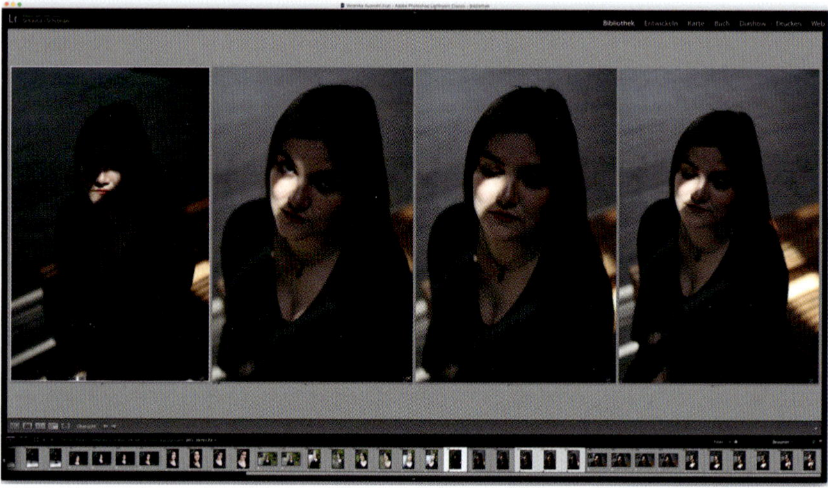

Wir betrachten zunächst die ersten sechs Fotografien. Unsere Bildverwaltungssoftware bietet dafür eine Übersichts- bzw. Vergleichsansicht. Mehr als sechs Bilder auf einmal nehmen wir nur selten in eine Auswahlrunde. Die Aufnahmen würden zu klein dargestellt werden und der Kunde wäre überwältigt von der Masse an eigenen Abbildern. Bei Hochformaten sind es meist sogar nur drei oder vier Bilder, je nach Kundenwunsch.

Wir fragen ihn, von welchen Bildern er sich am ehesten trennen könnte, wählen also negativ aus. Erfahrungsgemäß reduzieren sich die Aufnahmen so schneller, als wenn wir umgekehrt fragen.

Sobald nur noch zwei oder maximal drei Bilder verbleiben, fällt es dem Kunden jedoch schwer, weiterzumachen, weil er alle drei Aufnahmen »gar nicht so schlecht findet«. Das ist Kundendeutsch für »ziemlich gut«. Jetzt ändern wir unsere Strategie und bitten den Kunden darum, positiv auszuwählen.

Der Wechsel im Prozess ist an dieser Stelle hilfreich, da man vom persönlichen Malus zu den persönlichen Stärken blickt. »Wo sehe ich als Kunde besonders gut aus?«

Hätten wir den Kunden von Beginn an gebeten, zu bestimmen, welches er gut und welches er schlecht findet, wären wir nicht vorwärtsgekommen. In beinahe jedem Bild steckt etwas Positives und etwas Negatives. Das führt schnell zur Überforderung.

Mag der Kunde also alle drei Aufnahmen, nehmen wir sie gerne mit in die nächste Runde. Die drei Bilder behalten also ihre aktuelle Besternung.

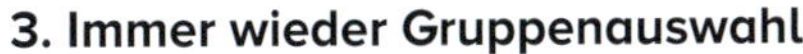

3. Immer wieder Gruppenauswahl

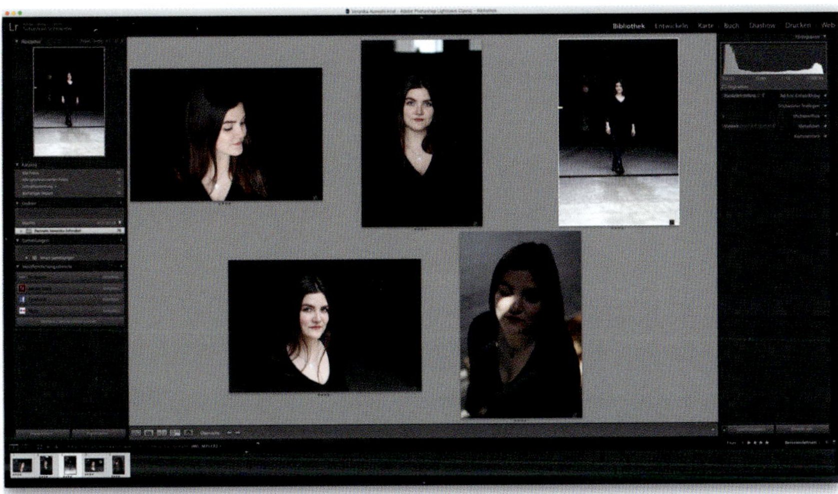

Im Anschluss gehen wir die zweiten sechs Bilder durch und verfahren ein weiteres Mal wie beschrieben. Aus den zwei schnellen Auswahlrunden bleiben wahrscheinlich vier bis fünf Fotos übrig. Diese präsentieren wir erneut und befragen unser Gegenüber ein weiteres Mal nach dem bekannten Prinzip, bis wir die gewünschte Restanzahl erreicht haben. So verfahren wir mit jedem Motiv einzeln und nacheinander. Auf diese Weise kommt man auch mit Kunden schnell zu einer übersichtlichen Anzahl an Bildern.

Da die Frage nach dem Nutzen vorab geklärt ist, stellt sich die Frage, ob man ein Motiv benötigt, in der Regel nicht. Hier geht es also primär um die Auswahl nach Kundenwunsch.

4. Psychologischer Faktor

Diese Vorgehensweise hat auch noch einen psychologischen Faktor. Wählen wir alle Runden negativ aus und lassen unseren Kunden auch die letzten Aufnahmen per Ausschlusskriterium »wegrationalisieren«, dann haben wir ihn dazu gebracht, das »am wenigsten fehlerhafte« Bild auszuwählen. Das hinterlässt kein besonders positives Gefühl.

Wählen wir im letzten Vorgang positiv aus, ist die Stimmung im Anschluss viel positiver. Unser Gegenüber ist glücklich, eine Entscheidung für etwas Gutes, statt gegen etwas Schlechtes getroffen zu haben.

Workflow-Beispiel: Urlaubsreportage

Fahre ich in den Urlaub, möchte ich mir nicht zu viele Gedanken darüber machen, was ich fotografiere. Ich möchte mich wenigstens in diesen Tagen einmal treiben lassen können. Das ist auch in Ordnung. Dennoch frage ich mich vorab, welchen Zweck die Bilder später erfüllen. Ich gehe im Kopf meine Lasswell-Formel durch:

Wer?
Ich

Was?
Geschichten zur Erinnerung

Medium?
Einzelne Prints für die Wand; Diaabend

Zu wem?
Familie und Freunde

Mit welchem Effekt?
Schöne Geschichten zu haben, die eine Erinnerung wert sind

So richtig interessant sind für mich an dieser Stelle nur die zwei Fragen nach dem **Medium** und nach dem **Was**. Einzelne Prints für die Wand sind einfach. Wir benötigen schöne Prozessbilder, die eine erinnerungswürdige Situation einfangen, Familienporträts oder sogar Abbilder, genauso wie wir Andenken aus dem Urlaub mitbringen.

Beim Was wird es besonders spannend. Geschichten zur Erinnerung am Diaabend. Diese Vorgabe verlangt trotz Urlaubsstimmung etwas von uns. Wir müssen Prozessbilder vor Abbildern (Nippes) fotografieren und versuchen, Erlebnisse so ausgiebig zu fotografieren, dass daraus eine Geschichte lesbar wird. Das bedeutet Aufnahmepunkte zu wechseln, eine Dramaturgie zu überlegen und die Geschichte gleichzeitig nicht ausufern zu lassen. Das klingt im ersten Moment nach langer Planung. Mit ein wenig Übung geht aber auch das leicht von der Hand. Ein Beispiel:

Ein Treffen mit Freunden auf einem Jahrmarkt

Bei dem Gedanken an einen Jahrmarkt kommen mir direkt Bilder von Fahrgeschäften bei Sonnenuntergang in den Kopf – und zwar viele davon. Doch wenn wir diese später beim Diaabend zeigen, werden alle sagen: Klasse, tolle Bilder von Fahrgeschäften. Aber war da nicht noch etwas an dem Abend?

Daher versuchen wir bei der Entwicklung einer Geschichte den Verlauf des Abends wiederzugeben, anstatt Abbilder von Fahrgeschäften zu machen. Öfter als man meint, ist der Verlauf eines Abends identisch mit der Reise des Helden. Wir fotografieren also:

1. Akt

1. Bild: Übersicht, wo sind wir? Totale vom Jahrmarkt.
2. Bild: Wir treffen uns mit Freunden, begrüßen uns. Lachen, tauschen uns aus. Besorgen Getränke und reden.
3. Bild: Von den Kindern beim Rumtollen und Spielen.

2. Akt

4. Bild: Spaziergang über den Jahrmarkt (Übergang zur Reise).
5. Bild: Freunde beim Warten in der Schlange für Fahrgeschäfte (Prüfung).
6. Bild: Spaß auf den Fahrgeschäften, z. B. Bild vom Riesenrad herunter.
7. Bild: Ein Kind weint, weil die Zuckerwatte heruntergefallen ist.
8. Bild: Lachende Kinder beim Dosenwerfen, die Zuckerwatte ist längst vergessen.

3. Akt

9. Bild: Bild von der gemeinsamen Achterbahnfahrt aus der Ich-Perspektive.
10. Bild: Verabschiedung.
11. Bild: Verlassen des Jahrmarkts (Blick zurück).

Haben wir einen solchen oder ähnlichen Ablauf im Kopf, können wir ohne darüber nachzudenken die richtigen Bilder machen und dennoch den Abend genießen.

Ob das Kind vor oder nach dem Fahrgeschäft geweint hat, ist egal. Wir können es im Edit so legen und keiner wird sagen: Entschuldige, das ist in der Continuity aber nicht korrekt wiedergegeben. Die Freunde und Familie werden sich an die Szene erinnern und darüber spaßen, gleichzeitig sehen sie die Geschichte von einem erfüllenden Abend.

Continuity:
Der Continuity-Mitarbeiter ist während der Filmaufnahmen dafür verantwortlich, auf Folgefehler zwischen Motiven und Szenen zu achten.

Der abschließende Auswahlprozess findet wie eingangs beschrieben per Besternungsworkflow statt. Hier gibt es keine Besonderheiten.

Fotografisches Projekt: Sammlung

Planen wir freie Arbeiten, verändern sich Prozesse durchaus signifikant. In diesem fiktiven Beispiel möchte der örtliche Fotoclub eine Sammlung mit Bildern von Wasserschlössern aus dem Münsterland erstellen.

Auch hier greifen wir natürlich zuerst zur Lasswell-Formel. Die Idee ist aller Ehren wert, doch was wollen wir wirklich mit der Arbeit erreichen? An diesem Punkt braucht man häufig lange, denn der erste Impuls kommt meist nicht mit einem guten Grund. Wir finden ein Thema spannend und wollen es machen, mehr steckt häufig nicht dahinter.

Wer?
Der Club als Team.

Was?
Die Vielfalt der Architektur von Wasserschlössern im Münsterland.

Medium?
Buchprojekt.

Zu wem?
Besucher der Souvenirläden der Wasserschlösser.

Mit welchem Effekt?
Kauf des Buchs zur Wissensvermittlung.

Da dieser Fall fiktiv ist, hat sich das Team folgendermaßen entschieden:

Im »Was« steckt eine sehr wichtige Einschränkung. »Die Vielfalt« bedeutet, wir müssen nicht jedes Schloss abbilden, sondern nur diejenigen Schlösser, die besonders sind. Von jeder Besonderheit benötigen wir nur ein Beispiel, eventuell ein zweites zur Manifestierung dieser Besonderheit als »typisch«.

Die Entscheidung, die Arbeit zur Wissensvermittlung zu nutzen und es als Buch anzubieten, hilft auch, da nun zunächst recherchiert werden muss, was wann wie und warum wirklich besonders ist. Die Recherchezeit finde ich persönlich immer sehr gewinnbringend. Schließlich gehe ich fotografieren, um Erkenntnisse zu gewinnen, und an dieser Stelle beginnt der Prozess dieses Erkenntnisgewinns.

Haben wir genug Infos zu den Schlössern, kann losgelegt werden. Idealerweise haben die Teilnehmer vorher besprochen, wie die Bilder formal fotografiert werden sollen.

Nach der ersten Runde gehen wir den bekannten, obigen Workflow für die Bildauswahl durch und treffen uns gemeinsam mit den Kollegen zu einem ersten Edit. Dort stellen wir mit großer Sicherheit fest, dass die Ästhetik jedes Fotografen etwas anders ist. An dieser Stelle ist Vermittlungsgeschick nötig, um sich auf eine einheitliche formale Gestaltung zu einigen.

Im Anschluss ziehen alle noch einmal los und fotografieren die gleichen Bilder noch einmal – und wenn nötig noch einmal –, bis man an dem Punkt ankommt, an dem man einheitlich fotografiert hat und alle glücklich sind.

Geduld ist in einem Gemeinschaftsprojekt eine zentrale Zutat. Der Gedanke, die anderen fotografieren schlechter, weil es anders aussieht als das eigene Bild, sollte von Beginn an ausgegliedert werden. Kreativität ist hoch individuell, daher arbeitet jeder anders. Toleranz und Ausdauer helfen über die Findungsphase hinweg.

Nach solchen Besprechungen hängen wir die aktuellen Bilder immer im Studio an eine Wand, um täglich darauf zu schauen. Gefallen uns die Aufnahmen auch nach zwei Wochen noch, dann ist die Wahrscheinlichkeit relativ groß, dass das Bild wirklich ins Buch passt.

Nach Abschluss der Fotoarbeiten treffen sich alle Fotografen mit den erweiterten Auswahlen zum finalen Edit. Dieser Prozess kann schon mal ein paar Tage dauern.

Um sich das Buch besser vorstellen zu können, drucken wir Bilder immer in 10x15 cm aus und nutzen weißes Kopierpapier als Musterseiten. So können Bildkorrespondenzen getestet und Abfolgen gelegt werden.

Insbesondere wenn man ein solches Projekt im Team angeht, ist die Unterstützung eines Kurators, der die Arbeiten neutral anschaut, von großem Wert.

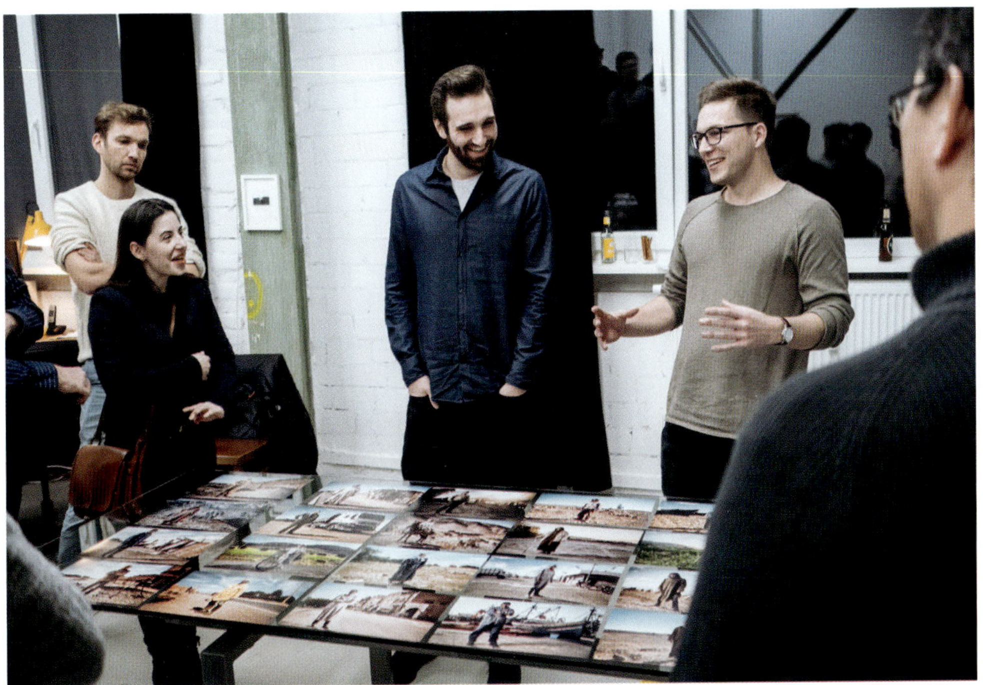

Stephan Ortmanns und Felix Will präsentieren ihre Projektarbeit Salem Aleikum beim OpenTable.

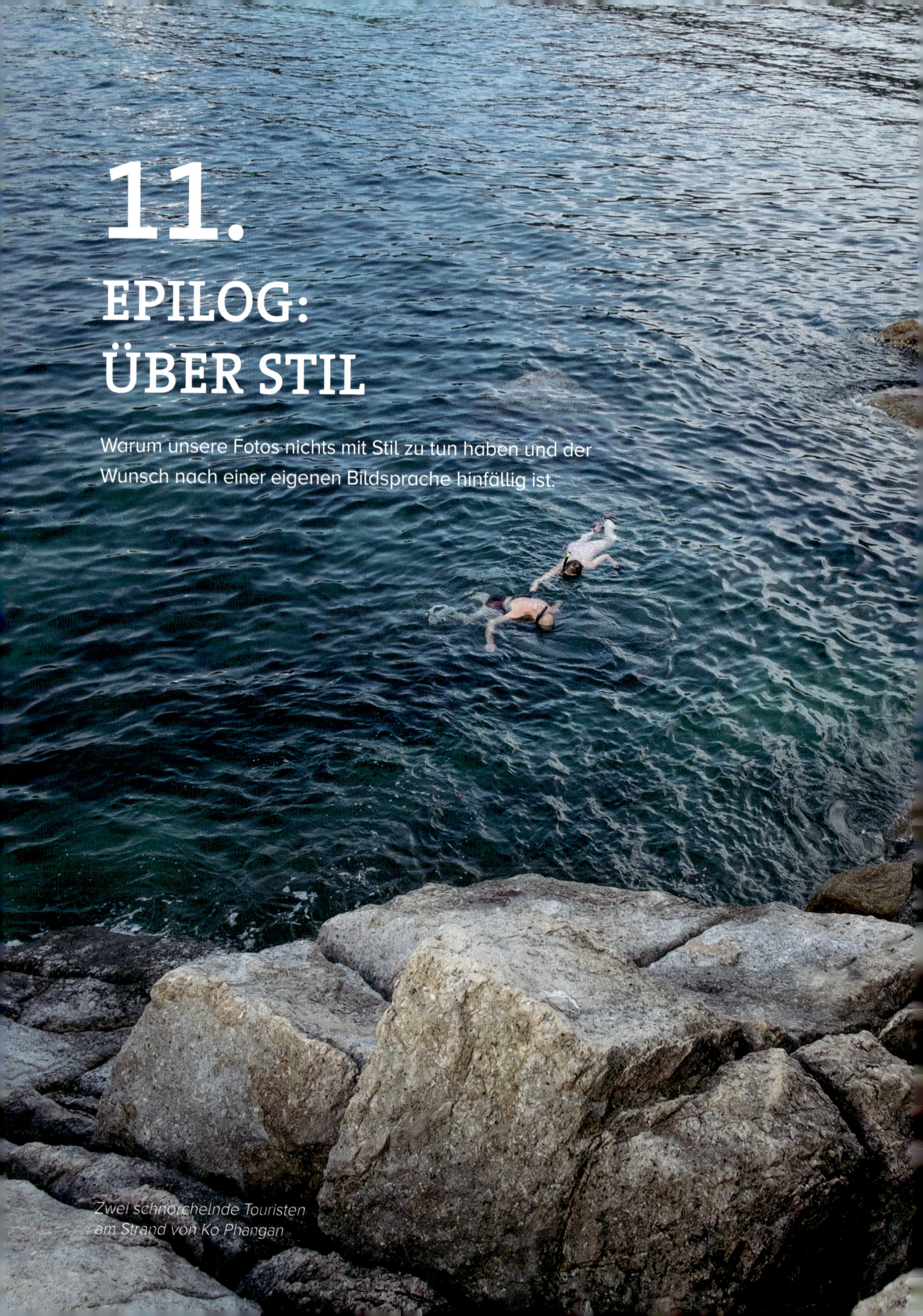

11.

EPILOG: ÜBER STIL

Warum unsere Fotos nichts mit Stil zu tun haben und der Wunsch nach einer eigenen Bildsprache hinfällig ist.

Zwei schnorchelnde Touristen am Strand von Ko Phangan

Liebe Leserin, lieber Leser,

es freut mich, dass du bis hierhin gelesen hast. Jetzt solltest du in der Lage sein, die richtigen Fotografien für deine Fotoprojekte aus der Menge an produzierten Bildern zu finden. Zum Schluss möchte ich ein Thema ansprechen, über das Fotografierende sich sehr häufig austauschen, den sogenannten »eigenen fotografischen Stil«. Ob er schon erkennbar ist oder was man unternehmen muss, um endlich einen zu haben.

Da auch mich dieses Thema umtreibt, allerdings von einer ganz anderen Warte aus betrachtet, möchte ich dieses Buch mit einem Text zum Stil beschließen. Je mehr ich in das Thema Bildauswahl eingestiegen bin, desto klarer wurde mir, dass Stil eine Frage der Bildauswahl ist und sich die Frage nach Stil primär für Kunsthistoriker stellen sollte. Wir als Fotografen haben andere Baustellen, die wichtiger sind und dennoch zwangsläufig Antworten zum Thema Stil geben.

Die folgenden Seiten sind ursprünglich im Onlinemagazin Kwerfeldein erschienen. Nach der Veröffentlichung habe ich sehr viel positives Feedback von Lesern erhalten und bin von Katja Kemnitz, der Herausgeberin des Magazins, ermutigt worden, dieses Buch zu schreiben. Der Kommentar ist zugegeben sehr spitz formuliert, endet aber mit einer versöhnlichen Note.

Mit diesen Sätzen hat die Reise »Eins reicht« begonnen, nun beschließen sie dieses Kapitel.

In diesem Sinne, bleib kreativ und immer gut Licht

Sebastian

Stil – Was ist das?

Alle sprechen davon, »ihren Stil« finden zu wollen und fotografisch wiedererkennbar zu sein. Was bedeutet eigentlich Stil? Geht es dabei um die Art, wie die Bilder aussehen, oder mehr darum, wie man Bilder macht?

In fast allen meinen Seminaren oder Workshops wird es irgendwann Thema. Alle suchen ihn, den eigenen Stil. Auf die Frage »Wonach sucht ihr eigentlich?« erhalte ich in den meisten Fällen, sinngemäß, folgende Antwort:

»Nach etwas Besonderem. Etwas, das meine Bilder von anderen unterscheidet. Danach, dass Menschen die Bilder eindeutig mir zuordnen können.«

Bei den begrenzten Möglichkeiten formaler Mittel (schließlich gibt es nur eine endliche Anzahl gestalterischer Variablen) klingt dieser Wunsch nach der Lösung für die Weltformel. Etwas polemisch könnte man sagen: Das, wonach die Fotografen suchen, ist Anerkennung.

Stil im Kunstkontext

Per definitionem ist Stil im Kulturbetrieb die »Art und Weise, wie man etwas ausdrückt oder formuliert«. Global betrachtet geht es um die Formulierung und Wiedererkennung bestimmter Kriterien, sogenannter Stilmittel, über eine Menge von Bildern hinweg. Sind diese Kriterien erfüllt, lässt es den Schluss zu, ein Bild einem Stil zuzuordnen.

Am einfachsten ist die Einordnung nach Raum und Zeit, sprich nach Kultur (räumlich) und Epoche (zeitlich). Ist etwas im Zeitraum 16. bis 18. Jahrhundert gemalt worden, so ist das einfachste Kriterium die Begrenzung auf den Barock. Im Detail geht es dann um den Duktus und das, was abgebildet ist. Überprüft man einzelne Bilder nach objektiven, festgelegten Kriterien und stimmen diese in allen Punkten mit dem vorliegenden Bild überein, kann man von einem Gemälde »im Stil des Barocks« sprechen.

Dein Stil, unausweichlich Du!

Neben den globalen, in der Regel kunsthistorischen Stildefinitionen gibt es auch den persönlichen Stil. Dieser ist jedoch deutlich schwieriger zu bestimmen, als es zunächst erscheint.

Beginnen wir einfach: Vier Bilder eines Fotografen mit dem gleichen Bildaufbau, der gleichen Unschärfe und derselben Linienführung liegen auf dem Tisch. Alle werden zustimmen, dass diese Bilder gleich aussehen. Was damit gemeint ist: Die Bilder ähneln sich in ihrer formalen Gestaltung. Ist das dann schon ein Stil?

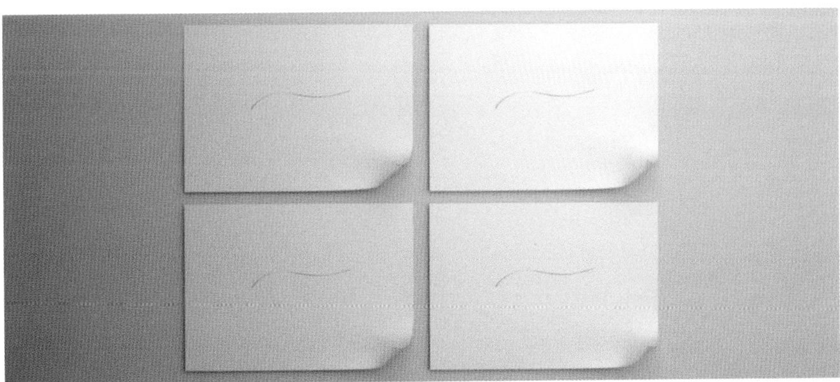

Wenn ja, würde das bedeuten, dass selbst eine Versuchsreihe von Bildern mit der gleichen Kameraeinstellung zu einem neuen Stil würde. Der Begriff Stil wäre in diesem Fall synonym verwendbar für jede relative Häufung von Bildern, die sich in irgendeiner Form ähnlich sehen. Der Begriff wäre nicht mehr zu retten.

Wie sieht es aus, wenn der gleiche Fotograf nicht nur fünf Bilder am gleichen Tag, sondern 100 identische Bilder über einen Zeitraum von zwei Jahren gemacht hat? Wird die formale Gestaltung dann zum Stil des Fotografen?

Nein. Der Fotograf hat lediglich bewiesen, dass er es schafft, über einen bestimmten Zeitraum hinweg eine Summe gleicher Bilder identisch zu fotografieren. Eine solche Arbeit würde man als Studie oder als Projekt bezeichnen.

Nun macht dieser Fotograf allerdings 50 ebensolcher Versuche von unterschiedlichen Orten, formal ähnlich, aber immer mit unterschiedlichen Zielsetzungen. Beim ersten Ort versucht er, die Veränderung von Blumenerde über einen Zeitraum festzustellen. Bei einem anderen Ort die Dicke der Staubschicht unter dem Bett über den gleichen Zeitraum und so weiter. Kann man, betrachtet man die Summe seiner Arbeiten, nun von seinem Stil sprechen?

Ja. Der Unterschied ist, dass die ersten beiden Versionen lediglich die relative Häufung identischer Bilder innerhalb einer Versuchsanordnung betrachten. Es handelt sich um 100 gleiche Aufnahmen. Die dritte Version

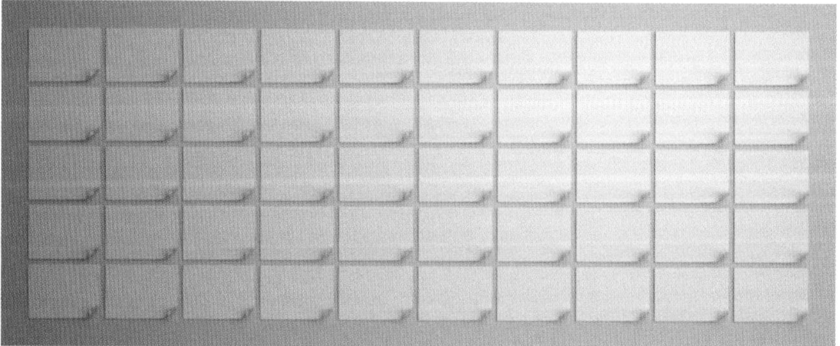

hingegen demonstriert eine Herangehensweise an unterschiedliche inhaltliche Probleme mit ähnlichen formalen und konzeptionellen Mitteln. Es eröffnet den Betrachtenden die Möglichkeit, einen Einblick in den Werkzeugkasten dieses Fotografen zu erhalten.

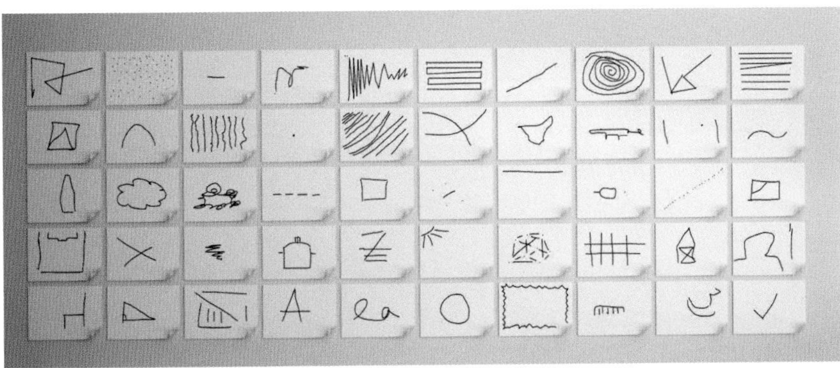

Ähnlich wie beim globalen Stil können nun die Betrachter »Mittel« (formal und inhaltlich) finden, die sich über die Bilder hinweg wiederholen und damit stilgebend für die vorliegenden Bilder sind. Diese den Stil definierenden Mittel (Stilmittel) sind in der Zukunft die Kriterien, die bei einer Suche dazu führen, dass die Betrachter die Bilder des Fotografen erkennen. Im Gedächtnis der Betrachter speichern sich die Bilder als Referenzen ab.

Der persönliche Stil bezeichnet folglich die formale und inhaltliche Herangehensweise einer Person an ein Thema. Das Bild ist das Resultat und damit die Manifestation der Herangehensweise, sprich: des Stils.

Was Anerkennung für den Stil bedeutet

Nicht selten nicken Teilnehmer unangenehm berührt auf die Frage, ob sie in Wirklichkeit nach Anerkennung suchen. Es ist ganz und gar nicht schlimm, dass Anerkennung die Triebfeder ist. Man muss es sich nur eingestehen, um darüber hinwegzukommen.

»Möchtet ihr wirklich einen unverkennbaren Stil oder ist der Ursprung dieses Wunsches die Sehnsucht, so zu fotografieren wie eines eurer Vorbilder?«, schließe ich je nach Gruppe an diese Frage an. »Was hat die Motivation mit dem Stil meiner Bilder zu tun?«, erwidert mindestens einer in der Regel.

Der Unterschied liegt im Detail und lässt sich gut an folgendem Schaubild erklären:

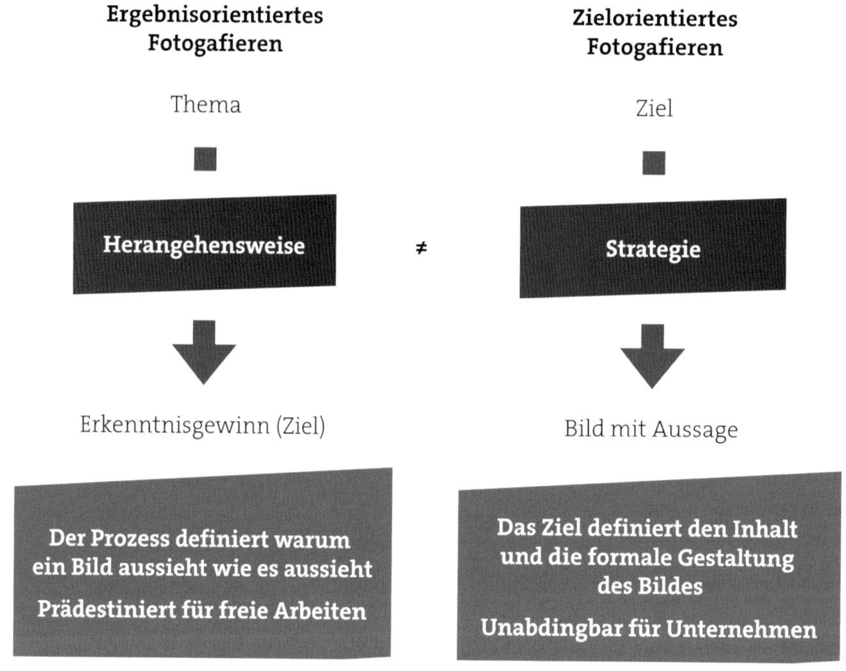

Fotografiert man ergebnisorientiert, arbeitet man sich – wie unser Fotograf aus dem Anfangsbeispiel – an etwas ab, an dem man persönliches Interesse hat, so ist die Fotografie ein Mittel, um in irgendeiner Weise Erkenntnis zu gewinnen. Du findest das Thema Bürokratie spannend und untersuchst über einen Zeitraum mögliche Erscheinungsformen von Bürokratie. Du überlegst, was man dagegen machen kann, wozu sie nützt, und fotografierst dabei das, was dich interessiert.

An einem Punkt überlegst du dir, wie du die Eindrücke am besten fotografisch unter einen Hut bekommst, oder du legst einfach los. Später blickst du zurück und findest heraus, dass du immer einen Menschen auf dem Bild haben möchtest, um etwas zu visualisieren. Kann am Thema liegen. Nächstes Thema: zum Beispiel »Individualismus«. Du legst wieder los, recherchierst, visualisierst und zack, hier geht es ohne Menschen.

Nächstes Thema: Und so weiter.

An irgendeinem Punkt wird dir klar, was du bist und was du benötigst, um dich beim Fotografieren wohl zu fühlen.

Ziel war aber an und für sich die Erarbeitung mehrerer inhaltlicher Themen. Durch das Machen lernst du, wie du tickst, also was dein Stil ist, um dich fotografisch auszudrücken. Du hast, kollateral zum gesteckten Ziel, gelernt, was dein Stil ist, und hattest gleichzeitig fotografisch Spaß.

Reach is the new content!

Bist du umgekehrt auf der Suche nach Anerkennung, die du mithilfe deines unverkennbaren Stils erreichen möchtest, hast du dein Ziel bereits definiert. Das Ziel (also das Was nach Lasswell) ist die Anerkennung. Um das zu erreichen, benötigst du eine Strategie, die dir diesen Erfolg »garantiert«.

Am einfachsten ist das, wenn man sich umsieht und schaut, was die anderen erfolgreichen Fotografen so machen. Ein bisschen hiervon, ein Teilchen davon, dann noch etwas aus dieser Ecke. Fertig ist der persönliche Bildsprachemix, der dann im fotografischen Vokabeldschungel zum Stil wird und rasant zu vielen tausend Followern führt. Hier definiert das Ziel den Inhalt und noch viel schlimmer – die Formensprache des Bilds. Strategie ist ungleich Herangehensweise. Strategie ist auf Erfolg aus, die Herangehensweise eher eine Anleitung, wie man sich an etwas abarbeitet.

Für Unternehmen ist ein strategisches Vorgehen unabdingbar. Schließlich geht es um Umsatz und Gewinne. Testen, probieren, Pirouetten drehen, all das kostet Geld. Daher ist es nachvollziehbar, dass man auf bewährte Methoden setzt und so erwartbaren Erfolg damit hat. Für Amateure – oder besser: für Privatmenschen – finde ich dieses Vorgehen, milde ausgedrückt, schade bis traurig.

Schaue ich mich bei Instagram oder Facebook um, scheint es mir fast so, dass inzwischen alle bei anderen klauen, mischen, sich »inspirieren« oder um den Zeitgeist wiederzugeben: sich des Samplings bedienen! Was in der Musik Gang und Gäbe ist, »altes, erfolgreiches Lied + irgendein Beat = Erfolg«, lässt sich zunehmend auch im Bild beobachten.

Nicht interessante Inhalte, sondern die Reichweite stehen im Vordergrund. Die Nachfrage definiert den Markt. Wie viele unfassbar tolle Landschaftsfotos à la German Roamers muss ich noch liken, ehe ich einmal so wow sagen kann, dass es mir die Füße unter dem Boden wegzieht! Etwas Unerwartetes zu sehen. Ein Thema zu finden, von dem ich noch nicht wusste, dass ich es spannend finden könnte.

Gibt es ein Beispiel für einen originären, unausweichlich einzigartigen Stil aus den vergangenen 15 Jahren? Ich behaupte nein. Selbst Bilder, die aussehen wie solche von Ikonen wie Annie Leibovitz, Platon oder Peter Lindbergh habe ich schon bei Instagram gesehen. In der Annahme, dass diese Persönlichkeiten nicht jeweils 14 Fake-Accounts haben, kann man davon ausgehen, dass sich gewiefte Fotografen deren Techniken angeeignet haben. Die Strategie dieser Fotografen ist Sampling und resultiert nicht aus einer Herangehensweise, sprich dem Stil, einer Leibovitz.

Welchen Mehrwert habe ich als Fotograf, wenn Menschen mir sagen können, welches mein Bild ist? Ist es nicht viel befriedigender, wenn jemand sagt, der Schroeder, der hat immer tolle Themen?

Denke nicht so viel über Stil nach, sondern gehe raus und sei neugierig. Fotografiere das, was dich interessiert, und du wirst feststellen, dass du von ganz allein herausfinden wirst, wie du arbeitest, und nennst es dann von mir aus Stil oder auch Dinglhopper.

Stil kann heute vieles sein. Am Ende ist es nur eins: egal.

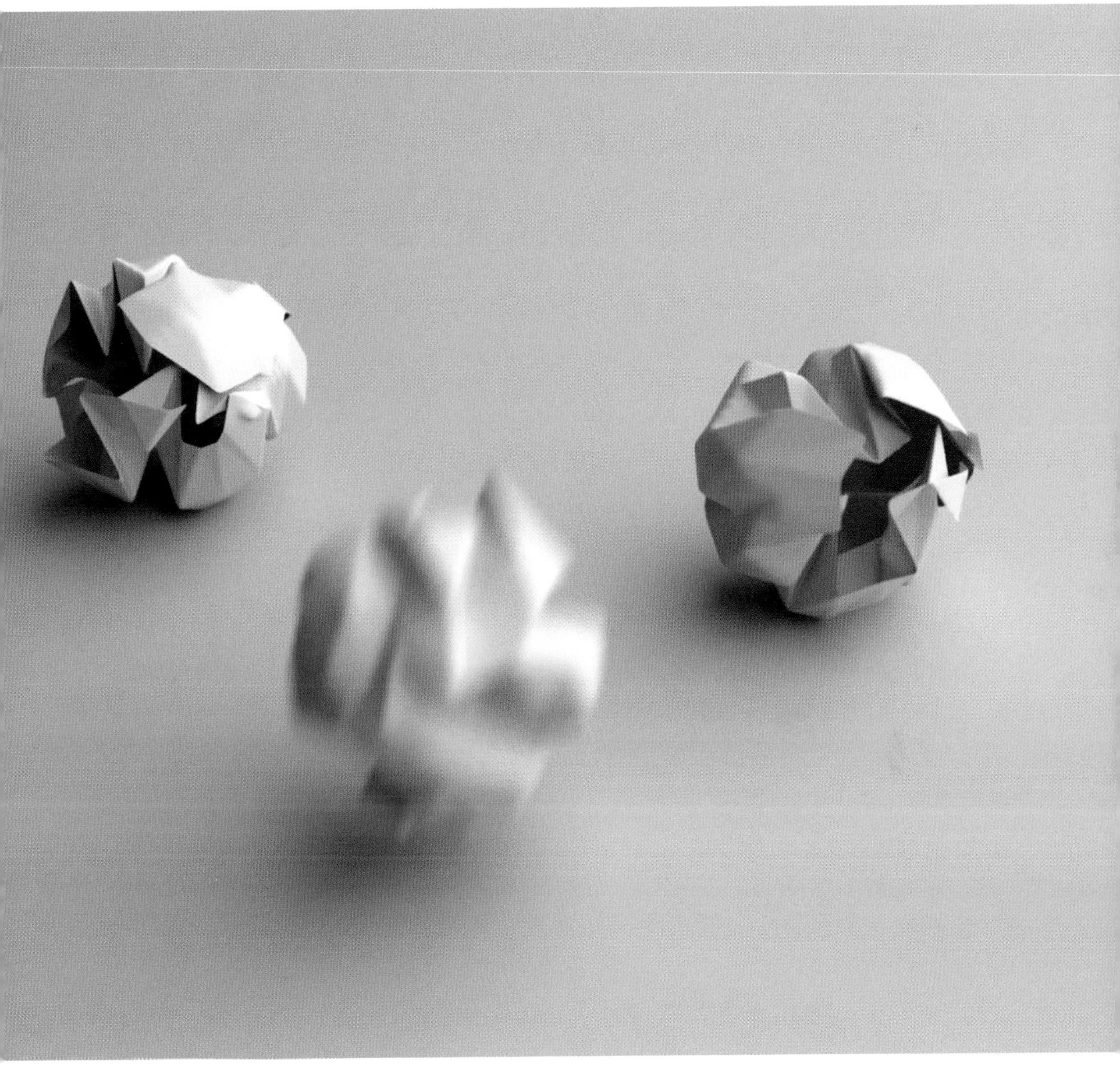

Danksagung

Ohne tatkräftige Hilfe wäre dieses Buch nie fertig geworden. Bei allen, die daran mitgearbeitet haben, möchte ich mich an dieser Stelle bedanken. Einige sollen besonders erwähnt sein:

Der größte Dank geht an meine Familie, die mich dieses Buch hat schreiben lassen. Neben dem allgemeinen Arbeitswahnsinn haben mir meine Frau und meine Kinder die Zeit gegeben, das Buch zu vollenden. Auch in den Momenten des Zweifels habt ihr mich bestätigt, weiter zu machen. Ohne euch wären weder das Buch noch mein Leben komplett. Danke.

Ein besonderer Dank geht auch an Felix Adam, der mir seit zehn Jahren auf dem fotografischen, wie auch auf dem privaten Weg als Kollege, aber auch als Freund immer mit Rat und Tat zur Seite steht.

Danke Timo für deine Unterstützung, deine stets kritischen Fragen und die sachlichen Analysen, die es manchmal braucht, um unklare Zusammenhänge zu ordnen. Als Freund bist du sowieso unersetzlich.

Ein Dank geht auch an Katja, die aus meiner Idee ein Projekt gemacht hat. Danke auch Steffen für deinen Rat, Veronika für die vielen Extrawünsche und eure Geduld bei meinen vielen Pirouetten.

Danke an die Fotografen, die mir ihre Bilder für die Bebilderung dieses Buchs zur Verfügung gestellt haben.

Ein abschließender Dank geht an dich, liebe Leserin, lieber Leser. Danke, dass du dieses Buch erworben hast und meine Arbeit als Autor so überhaupt ermöglichst und wertschätzt. Was ist schon eine Ausstellung ohne Gäste, ein Restaurant ohne Besucher? Danke für das Vertrauen in meine Arbeit.

Bildverzeichnis

Seite	Urheber
Cover	Drew Beamer
13	Bogomil Mihaylov
16	Artusius
17	Contrastwerkstatt
17	teptong
18	Michael Jasmund
20	Charles Allen Gilbert
23	Duncan Harris
36	Fabian Burghardt
36	Taneli Lahtinen
36, 44	Jeff Lemond
36	Thomas Kelley
37	Arjun Kapur
37	awmleer
37	Mirciov Dan
39	Beate Knappe
47	Malcolm Boyd
47	Goran Jakus
49	Justin Chrn
55	Eugenia Belova
57	Rodan Can
72	Bernd und Hilla Becher

Seite	Urheber
73	August Sander
73	August Sander
83	Paul Green
84	Joao Ferrao
86	Mike Dorner
86	Sam Pearce-Warrilow
87	Zhenyu Luo
87	Freddie Collins
88	Jen Theodore
91	moshbidon
91	Jacob Lund
93	Nik MacMillan
93	Ross Parmly
96	André Hemstedt & Tine Reimer
106	Arthur Edelman
107	Wade Austin Ellis
112–127	André Hemstedt & Tine Reimer
133	aniphaes
139	Hans Memling
141	Eduard Hau
150	Simon Veith

Alle anderen Abbildungen von Sebastian H. Schroeder.

Index